LIBERTAD FINANCIERA BÍBLICA

Cómo ser bendecido para ser de bendición

Liborio Carrillo Galván

Libertad Financiera Bíblica
© 2025 por Liborio Carrillo

Publicado por Grafo House Publishing,
Tulsa, Oklahoma | Guadalajara, Mexico

ISBN pasta blanda 978-1-963127-24-9
ISBN libro electrónico 978-1-963127-25-6

Derechos reservados en todo el mundo. Ninguna parte de esta publicación puede ser reproducida, almacenada en un sistema de recuperación o transmitida, de ninguna forma o por ningún medio, sin el consentimiento por escrito del editor. Los puntos de vista y las opiniones expresadas en este documento son únicamente del autor y no necesariamente de la editorial.

A menos que se indique lo contrario, todas las citas bíblicas son de la Santa Biblia, versión Nueva Biblia de las Américas™ NBLA™ Copyright © 2005 por The Lockman Foundation.

Impreso en los Estados Unidos de América
28 27 26 25   1 2 3 4

Dedico este libro
a todas las personas que
buscan la bendición de Dios.

ÍNDICE

INTRODUCCIÓN — 1

1. LA LIBERTAD FINANCIERA SÍ ES POSIBLE — 3
2. CUATRO PEPITAS DE ORO — 25
3. FUNDAMENTADOS SOBRE LA VERDAD — 43
4. FE Y GRACIA, EL MEJOR CAMINO — 63
5. TRABAJA Y PROSPERA — 85
6. BENDECIDOS PARA BENDECIR — 107
7. MULTIPLICACIÓN Y CRECIMIENTO CONTINUO — 125

ACERCA DEL AUTOR — 147

INTRODUCCIÓN

¿Te has fijado en que el tema de las finanzas puede ser complicado? Por ejemplo, cuando no nos alcanza lo que tenemos, esto a menudo provoca sentimientos de vergüenza, angustia o envidia, lo que genera cierta incomodidad al hablar de dinero y negocios. Pero, por otro lado, cuando tratamos de mejorar nuestra condición económica y prosperar, a veces nos acusan de "amar el dinero" o de ser ávaros. ¡Qué complicado! Ya sea que nos encontremos en la pobreza, en la riqueza o en algún punto intermedio, el dinero siempre es un tema difícil.

Afortunadamente, a Dios no le da pena hablar del dinero. En la Biblia encontramos dirección, consejo y sabiduría para todos los temas relacionados con las finanzas. Cuando descubrí esto, mi vida cambió, y sigue cambiando. De esto quiero platicar en este libro: cómo seguir las instrucciones de Dios para alcanzar la libertad financiera que Él quiere para Sus hijos. Es un honor dirigirme a ti con estas palabras y compartir contigo los principios bíblicos que han cambiado mi vida y la de mi familia, y que seguramente te ayudarán a ti también.

Ya que la meta de la sabiduría bíblica es vivirla, no solamente leerla, he incluido preguntas para reflexión a lo largo de los capítulos. Te invito a leer el libro y a responder las preguntas, reflexionando sobre tu propia vida. Si lo deseas, puedes unirte a otras personas y estudiar estos principios bíblicos en grupo.

Al profundizarte en los planes de Dios para las finanzas, el trabajo, los ingresos y la generosidad, seguramente descubrirás una nueva libertad. Dios es generoso con nosotros, y estoy convencido de que Él te guiará y bendecirá mientras estudias y aplicas Su Palabra.

¡A comenzar!

1. LA LIBERTAD FINANCIERA SÍ ES POSIBLE

A. INTRODUCCIÓN

Si quieres alcanzar la libertad financiera, te felicito y comparto tu deseo. Durante muchos años, soñé con alcanzar un nivel diferente al que había visto a mi alrededor, no solo en términos de ingresos, sino en mi relación general con el dinero. Soy uno de ocho hermanos y experimenté mucha escasez económica en mi infancia. Veníamos de un trasfondo humilde. Mi papá era muy trabajador y tenía un buen ojo para los negocios. De niño, lo veía trabajar varios meses al año en el extranjero y luego regresar a México para iniciar negocios con ese dinero, como comprar ganado y abrir una carnicería, entre otros.

Recuerdo que él siempre decía: "Un negociante gana mejor que un trabajador". Él buscaba maneras de no solo ganar dinero, sino multiplicarlo. Así nos enseñó a trabajar y a soñar. Ambas cosas son esenciales. Sin embargo, no nos dio el ejemplo de una libertad financiera en Cristo porque mi familia todavía no había tenido nuestro encuentro con Dios, cosa que sucedería años después.

Fui muy impulsivo en mi juventud y cometí muchos errores en mi búsqueda de prosperidad. El deseo de alcanzar estabilidad económica no era el problema; más bien, lo era la manera en que lo perseguí, involucrándome en negocios ilegales.

De repente, todos mis sueños se vinieron abajo. Las autoridades me encontraron, me arrestaron y me quitaron todo, incluyendo mi libertad. En dos días perdí todo lo que creía me daría seguridad y felicidad, todo lo que había acumulado con tanto esfuerzo.

> "UN NEGOCIANTE GANA MEJOR QUE UN TRABAJADOR".

Después de un tiempo, ya libre, me encontré viviendo en Nayarit, México, pero sin dinero y con más problemas que nunca. En ese mismo periodo, mi hermano había sido encarcelado en Estados Unidos y llevábamos meses sin saber de su paradero.

Recuerdo un día desesperado y triste cuando fui a una iglesia cristiana en el pueblo para pedir una misa por mi hermano. El pastor, muy amable, me informó que no celebraban misas en esa iglesia, pero que con gusto orarían por él. Así lo hicieron.

Creo que ahí fue mi primer contacto con Dios, porque en cuanto empezaron a orar, comencé a llorar y sentir algo fuera de lo normal. Cuando terminaron, me sentí diferente, como si todo fuera más ligero. Agradecido, ofrecí pagarles, pero me dijeron que no cobraban nada. Si quería dar algo, estaba bien, pero no era obligatorio.

Regresé a casa. Para mi sorpresa, al llegar, me informaron que mi hermano ya se había comunicado, que estaba bien y que pronto regresaría a casa.

Ahí vi no solamente el poder de la oración, sino la realidad del amor de Dios. Empecé a entender de manera personal que Dios debía ser parte de mi vida y que yo no podía hacer las cosas a mi manera ni con mis propias fuerzas.

Resultó que mi hermano había conocido a Dios en la cárcel, y cuando llegó, nos empezó a hablar más acerca del cristianismo. Algunos de la familia comenzamos a asistir a la iglesia. Descubrí muy pronto que no todas las iglesias ni todos los cristianos creen que Dios quiere que experimentemos libertad financiera. Predicaban y hablaban de la fe para la salvación y el perdón de pecados, pero en lo referente al dinero, parecía que creían que la pobreza era una señal de santidad.

> ¿POR QUÉ CONFORMARNOS CON LA ESCASEZ, O INCLUSO CONSIDERARLA ALGO POSITIVO, SI DIOS QUIERE DARNOS UNA VIDA ABUNDANTE?

A pesar de tener poco tiempo como cristiano, esto no era coherente para mí. Dios es bueno y poderoso, y promete darnos lo que necesitamos. ¿Por qué conformarnos con la escasez, o incluso considerarla algo positivo, si Dios quiere darnos una vida abundante?

Tardé mucho, pero finalmente encontré una iglesia que enseñaba la doctrina bíblica y sana de la libertad financiera. Desde entonces, he aprendido mucho y sigo aprendiendo. También he cometido errores, por supuesto; ya no relacionados con actividades ilegales, sino por falta de experiencia o malas decisiones. En todos ellos, Dios me ha permitido crecer y seguir adelante. Me he dedicado a leer y estudiar acerca de las finanzas, a buscar consejo, a buscar socios y mentores sabios, y a desarrollar un negocio que esté completamente fundamentado en los caminos de Dios.

Hoy en día, tengo un negocio creciente en construcción y bienes raíces que me permite, junto con mi familia, llevar un estilo de vida bendecido y feliz. Estoy experimentando las bendiciones de Dios no solamente en mi economía, sino también en la familia, la salud, la conciencia, las amistades y más. Me siento agradecido de haber conocido a Dios y los principios bíblicos sobre el manejo de las finanzas, los cuales quiero compartir con otros.

En este pequeño libro, quiero mostrarte los principios que he aprendido a lo largo de estos años. Sigo teniendo sueños de trabajar, crecer y prosperar, pero ya no con la misma ambición de antes, ni mucho menos confiando solo en mí mismo. Junto con mi esposa, quien me está apoyando mucho en este libro, estamos siguiendo los caminos de Dios y disfrutando cada paso.

Aunque mi historia es única, al igual que la tuya, compartimos al mismo Dios. Así como mi esposa y yo hemos visto la mano de Dios en nuestros negocios, trabajos y familia, tú también puedes experimentarlo.

Comencemos reconociendo una verdad fundamental: Dios desea darnos libertad financiera.

B. DIOS QUIERE DARTE LIBERTAD FINANCIERA

El anhelo de libertad está arraigado en el corazón humano y refleja el diseño de Dios para cada uno de nosotros. Pero, ¿puede esa libertad extenderse también a lo financiero? ¿Es posible alcanzar un lugar de estabilidad, paz y abundancia mediante la fe y la aplicación de principios bíblicos? La respuesta es un rotundo sí.

> PARA ALCANZAR ESTA LIBERTAD, ES ESENCIAL CREER QUE ES POSIBLE Y QUE ES LA VOLUNTAD DE DIOS PARA TU VIDA.

Si encuentras en tu corazón el deseo de lograr un nivel más estable de vida donde tus ingresos cubran tus necesidades actuales y futuras, además de permitirte ser generoso con otros, vas por buen camino. Ese deseo no es

1. LA LIBERTAD FINANCIERA SÍ ES POSIBLE

malo ni egoísta; al contrario, es el deseo que Dios también tiene para tu vida. Si constantemente vives con frustración o temor debido a la falta de recursos financieros, puede ser indicativo de que estás viviendo en esclavitud financiera. Aunque pueda haber etapas o momentos de escasez, estos deberían ser temporales. Dios no te creó para vivir bajo esa carga todo el tiempo. Por eso es crucial entender lo que Dios dice en la Biblia sobre el dinero y aprender a administrar tus finanzas según Sus principios, que son los que verdaderamente traen libertad.

Para alcanzar esta libertad, es esencial creer que es posible y que es la voluntad de Dios para tu vida. Reflexiona sobre lo que dicen estos versículos de la Biblia:

> "Para libertad fue que Cristo nos hizo libres; permanezcan, pues, firmes, y no se sometan otra vez al yugo de esclavitud" (Gálatas 5:1).

> "Porque ustedes, hermanos, a libertad fueron llamados; solamente que no usen la libertad como pretexto para la carne, sino sírvanse por amor los unos a los otros" (Gálatas 5:13).

"Ahora bien, el Señor es el Espíritu; y donde está el Espíritu del Señor, hay libertad" (2 Corintios 3:17).

"Así que, si el Hijo los hace libres, serán realmente libres" (Juan 8:36).

En el libro de Éxodo, encontramos a Israel en esclavitud en Egipto, con apenas lo suficiente para mantenerse con vida, aunque con mucho sufrimiento. Sin embargo, Dios les prometió más y, a través de Moisés, los llamó a salir de Egipto hacia la Tierra Prometida, una tierra que fluía "de leche y miel" (Éxodo 3:17). Dios deseaba que vivieran en paz y disfrutaran de Sus bendiciones divinas, incluida la prosperidad económica.

> LA LIBERTAD FINANCIERA TIENE DOS ASPECTOS: TENER LO SUFICIENTE PARA TI Y TENER LO SUFICIENTE PARA COMPARTIR CON OTROS.

De igual manera, Dios quiere que tú y yo experimentemos libertad en todas las áreas, incluida nuestra economía. La libertad financiera tiene dos aspectos: tener lo suficiente para ti y tener lo suficiente para compartir con otros. "Para ti" implica cubrir las necesidades básicas de tu familia como alimentación, vivienda, salud, ropa, educación, trabajo y asegurar el futuro con inversiones esenciales. "Compartir con otros" significa ser capaz de diezmar y ser generoso con los demás.

Antes de continuar, te invito a reflexionar sobre tu perspectiva acerca del dinero y Dios.

PREGUNTAS PARA REFLEXIÓN

1. ¿Te resulta difícil creer que Dios quiere darte libertad financiera? ¿Por qué sí o por qué no?

2. ¿Qué significa "libertad financiera" para ti? ¿Cómo describirías la libertad financiera y cómo se vería en tu vida en particular?

3. Puedes visualizar tu vida libre de la escasez? ¿Puedes imaginarte siendo generoso con otros, sin temor ni avaricia? ¿Qué obstáculos te impiden pensar así?

C. HACER LAS COSAS DE MANERA DIFERENTE

Como hemos visto, Dios desea que experimentemos la libertad. Sin embargo, muchas personas están atrapadas en una "carrera de ratas", donde trabajan solo para sobrevivir. Cada quincena, su salario se destina a cubrir gastos inmediatos y, quizás, a tomarse unas vacaciones una o dos veces al año. Este ciclo se repite mes tras mes, año tras año, durante toda la vida. Si compran un coche para ir al trabajo, lo hacen a crédito y deben trabajar más para pagarlo. Si compran una casa, también es a crédito, lo que implica trabajar veinte años o más para pagarla y termina costando mucho más. Todo su tiempo se consume en

1. LA LIBERTAD FINANCIERA SÍ ES POSIBLE | 13

ganar el dinero necesario para sobrevivir apenas. Esta "carrera de ratas" es una forma de esclavitud. Entonces, ¿cómo puedes liberarte de esta carrera? Deberás tomar decisiones y realizar cambios significativos. Se dice que Albert Einstein comentó: "La locura es hacer siempre lo mismo y esperar resultados diferentes".

> "LA LOCURA ES HACER SIEMPRE LO MISMO Y ESPERAR RESULTADOS DIFERENTES".

Si deseas resultados diferentes en tu vida, no te aferres a los hábitos y mentalidades que has tenido hasta ahora, o que predominan en la sociedad.

El problema que señalo aquí no es el uso del crédito, ya que puede ser una herramienta útil en negocios. El problema radica en una mentalidad de "carrera de ratas" que te encierra en un ciclo constante de trabajo, deudas y mera subsistencia. La libertad financiera, ese estado en el que no estás atado por preocupaciones económicas constantes, es un objetivo deseable pero que pocos logran alcanzar. Sin embargo, existe un camino menos transitado que ha demostrado ser efectivo: la fe acompañada de acción, un principio profundamente arraigado en las enseñanzas bíblicas. Debes estar dispuesto a renovar tu mente y tu estilo de vida para obtener resultados distintos a los que has experimentado hasta ahora. ¿Qué acciones puedes tomar para hacer las cosas de manera diferente? Aquí te presento tres ideas, las cuales exploraremos más a fondo a lo largo de este libro.

1. ADOPTAR MEJORES FORMAS DE PENSAR.

Necesitas comenzar a visualizarte con la libertad y la abundancia de vida que Dios desea para ti. Si ya te has resignado y aceptado una vida de necesidad económica, nunca cambiarás. Deja que la frustración te motive a buscar un mejor camino: el camino de Dios. Este cambio debe ocurrir primero en tu mente o nunca se reflejará en tu vida. Es una batalla interna, una lucha por abrazar las promesas de Dios como tuyas, creyéndolas día tras día, en los momentos buenos y malos, sin permitir que el desánimo o la incredulidad dominen tu mente.

2. APRENDER DE MEJORES FUENTES.

Si hasta ahora has seguido el ejemplo de tus padres, amigos o colegas, y no te ha funcionado, abre tu mente para aprender de otras personas y fuentes también. No te limites a lo que ya conoces o has hecho. Tienes la capacidad de aprender más y hacer más. Por supuesto, la fuente más importante es la Biblia. Muchos ignoran sus consejos y luego se preguntan por qué no prosperan. Además de la Biblia, existen otras fuentes de sabiduría como los libros y los consejos de personas sabias.

3. TOMAR MEJORES ACCIONES.

La Biblia nos enseña: "¿De qué sirve, hermanos míos, si alguien dice que tiene fe, pero no tiene obras? ¿Acaso puede esa fe salvarlo?" (Santiago 2:14). Aunque este versículo se refiere a la fe y la salvación, el principio se aplica a toda la vida cristiana, incluyendo las finanzas. Tus acciones demuestran tu fe. Si realmente crees que Dios desea cuidarte y bendecirte,

> TUS ACCIONES DEMUESTRAN TU FE. SI REALMENTE CREES QUE DIOS DESEA CUIDARTE Y BENDECIRTE, TOMARÁS DECISIONES ACORDES CON ESA CONFIANZA.

tomarás decisiones acordes con esa confianza. Trabajarás con diligencia y honestidad, buscarás oportunidades para mejorar y avanzar, sabiendo que Dios guía tus pasos.

Te invito a reflexionar sobre tus propios pensamientos, fuentes de información y acciones. ¿Están funcionando para ti? ¿Te están llevando hacia donde deseas estar, o sientes que estás atrapado en una carrera de ratas? Solo tú puedes responder estas preguntas. Debes evaluarte con honestidad y valentía para identificar áreas donde puedas crecer.

> DEBES EVALUARTE CON HONESTIDAD Y VALENTÍA PARA IDENTIFICAR ÁREAS DONDE PUEDAS CRECER.

No hay condena si estás enfrentando desafíos financieros; esto le sucede a casi todos en algún momento. Pero no tienes que permanecer en esa situación año tras año durante el resto de tu vida.

Permíteme hacerte otra pregunta: ¿Estás dispuesto a hacer las cosas de manera diferente? Esta decisión depende de ti y de nadie más. Solo tú puedes optar por aprender, crecer y cambiar. No esperes a que el entorno cambie a tu alrededor, a tener "suerte" o a que alguien te rescate de tu situación actual. Toma la iniciativa para salir de tu "Egipto" bajo la dirección de Dios, y avanza hacia la tierra prometida que Él tiene para ti.

PREGUNTAS PARA REFLEXIÓN

1. *Pensamientos:* ¿Puedes identificar al menos un pensamiento incorrecto que deberías cambiar respecto a las finanzas?

2. *Fuentes:* ¿Cuáles son tus principales fuentes de información o estrategias económicas? ¿Hay otras fuentes que deberías considerar?

3. *Acciones: ¿Qué acción, por más pequeña que sea, podrías tomar esta semana para avanzar hacia una mayor libertad financiera?*

D. OBSTÁCULOS A LA LIBERTAD FINANCIERA

Si alcanzar la libertad financiera fuera fácil, más personas la lograrían. Existen numerosos obstáculos, tanto internos como externos, que pueden mantenernos esclavizados. Los obstáculos externos son evidentes y pueden incluir limitaciones de tiempo, salud, experiencia y oportunidades. Sin embargo, los obstáculos internos son aún más peligrosos si no se superan, ya que pueden sabotear incluso las mejores oportunidades.

Es crucial examinar detenidamente nuestra mente y corazón. ¿Hay algo que obstaculiza el cambio en tus pensamientos y acciones? Estos obstáculos pueden incluir:

1. LA INCREDULIDAD

La falta de fe hace difícil enfrentar los retos de la vida. Es crucial creer que Dios te escucha, te ayuda y busca tu bienestar. Dice la Biblia: "Pero sin fe es imposible agradar a Dios, porque es necesario que el que se acerca a Dios crea que Él existe y que recompensa a los que lo buscan" (Hebreos 11:6).

¿Hay áreas donde te resulta difícil mantener la fe en Dios? ¿Qué puedes hacer al respecto?

2. LA IGNORANCIA

Puedes tener el mejor corazón del mundo, pero si no sabes qué estás haciendo, difícilmente avanzarás. Tienes que aprender y crecer siempre. La Biblia enseña:

> "Bienaventurado el hombre que halla sabiduría
> Y el hombre que adquiere entendimiento.
> Porque su ganancia es mejor que la ganancia de la plata,

Y sus utilidades mejor que el oro fino"
(Proverbios 3:13–14).

¿Qué áreas podrías estudiar para mejorar tu economía y manejo del dinero?

3. LA FLOJERA

El trabajo duro y la perseverancia son fundamentales. La flojera puede sabotear tus metas a largo plazo por la comodidad del momento.

"El deseo del perezoso lo mata,
Porque sus manos rehúsan trabajar"
(Proverbios 21:25).

¿Hay algun negocio pendiente que has pospuesto por flojera? ¿Cómo podrías motivarte para completarlo?

4. EL ORGULLO

Esto se manifiesta a través de la independencia: el creer que puedes hacer todo solo y a tu manera, en vez de seguir a Dios y conectarte con otras personas. El orgullo te impide escuchar, aprender y evitar peligro. Leemos en la Biblia:

"Delante de la destrucción va el orgullo,
Y delante de la caída, la arrogancia de espíritu"
(Proverbios 16:18).

¿Qué significa el orgullo y la humildad para ti?

5. LA AVARICIA

Tu meta no puede ser egoísta, queriendo únicamente más para ti. La avaricia te llevará por caminos muy lejos de Dios. Es importante guardar tus motivaciones para no caer en la avaricia.

"Porque la raíz de todos los males es el amor al dinero, por el cual, codiciándolo algunos, se extraviaron de la fe y se torturaron con muchos dolores" (1 Timoteo 6:10).

Si la avaricia es mala, ¿qué debe motivarte realmente hacia la libertad financiera?

6. EL TEMOR

El miedo puede limitarte al evitar tomar decisiones difíciles o aceptar oportunidades significativas. Leemos en la Biblia: "Porque no nos ha dado Dios espíritu de cobardía, sino de poder, de amor y de dominio propio" (2 Timoteo 1:7).

Siempre pienso en esto: si los que hacen negocios ilícitos arriesgan su vida, libertad y economía para prosperar, nosotros, que andamos en Cristo, debemos ser aún más valientes y arriesgarnos.

¿En qué áreas de tu vida enfrentas más temor?

Estos son solo algunos de los obstáculos que abordaremos a lo largo de este libro. Son enemigos persistentes que pueden surgir en cualquier momento, independientemente de tus ingresos actuales. Es esencial aprender a identificar y superar estos desafíos para avanzar hacia la libertad financiera verdadera y duradera.

E. CONCLUSIÓN

Cuando decides romper con el estereotipo de la carrera de la rata, es probable que enfrentes críticas y opiniones negativas de quienes no entienden los caminos de Dios. No te desanimes ni permitas que esos comentarios te afecten. Estás siguiendo a Dios, cuyos caminos son perfectos y diferentes a los nuestros.

Recuerda, tu objetivo no es simplemente acumular más dinero. Lo que realmente buscas es la vida libre y abundante que Dios tiene reservada para ti. Como dice Proverbios, "La bendición del Señor es la que enriquece, y no añade tristeza con ella" (10:22). Esto significa que no tienes que comprometer tu integridad, familia, salud o bienestar general para alcanzar la prosperidad por tus propias fuerzas. La bendición de Dios es completa y abarca todas las áreas de tu vida.

En el próximo capítulo, exploraremos más a fondo los caminos de Dios para identificar áreas de mejora y cambios necesarios. Es un camino de libertad diseñado por Dios para brindarte la paz, alegría y abundancia que Él ha planeado especialmente para ti.

2. CUATRO PEPITAS DE ORO

1. INTRODUCCIÓN

Quiero contarte cómo mis bases se afianzaron en la roca de Dios. No fue fácil, pero lo logré. Llegué a un momento difícil en mi vida económicamente; todo iba mal. Un día, mi hermano y yo íbamos a un taller donde nos habíamos asociado. Estábamos en crisis: sin dinero para el pasaje y apenas pudiendo llegar al trabajo caminando. El negocio no funcionaba bien.

Mientras caminábamos, hablábamos sobre la Palabra de Dios. Habíamos estudiado la Biblia el día anterior y seguíamos reflexionando sobre su mensaje. Hablando de la misericordia de Dios, sentí que Él me hablaba.

Recuerdo que le dije a mi hermano: "Mira, hermano, yo he invertido tanto aquí, y hay quienes me deben, pero ya no me pagan. Todo está mal, ando sin dinero. Desde que empecé a trabajar, nunca me había encontrado como hoy. Esto no es de Dios. Según lo que vimos en el estudio de ayer, esto no puede ser de Dios. Él es misericordioso y da en abundancia. Voy a creer en lo que está escrito en la Biblia, voy a creer en Dios".

Le dije a mi hermano: "De aquí en adelante, voy a hacer lo que está escrito en Malaquías 3:10–12. Voy a dar todos mis diezmos con alegría, el 10% de todas las ganancias que obtenga. Lo voy a llevar al alfolí. Para mí, el alfolí es como esa bolsa donde se echan los diezmos y las ofrendas. Lo voy a probar porque en la Biblia dice: 'Pruébenme'. Ya intenté muchas maneras para prosperar, pero ahora voy a obedecer lo que está escrito en la Biblia. Voy a hacer las cosas de forma diferente".

Antes, al dar en la iglesia, buscaba las monedas más pequeñas en mi bolsillo. Tenía ese paradigma de dar lo mínimo, solo para que se notara que daba algo. Sin darme cuenta, al empezar a diezmar, rompí ese hábito y cambié mi perspectiva y mis hábitos. Empecé a hacer las cosas de manera distinta, y todo comenzó a transformarse para mí.

2. TRANSFORMANDO TU PARADIGMA PARA EL ÉXITO

Un paradigma es un programa que está alojado en tu subconsciente, en tu mente innata. Cuando naces, tu entorno se convierte en parte de tu paradigma. ¿Por qué crees que tanta gente lucha en la vida? ¿Por qué tan pocas personas tienen una vida realmente rica? Es porque la mayoría está atrapada en el paradigma de sus padres. Ahora imagínate que te dijeran que puedes cambiar tu paradigma. ¿Lo harías?

¡Tengo buenas noticias: sí se puede! Puedes crear tu propio paradigma para vivir como realmente deseas, pero primero tienes que empezar con una meta pequeña. Una vez que la alcances, puedes aumentarla. Recuerda que lo que vas a hacer será algo diferente y que tu objetivo debe ser una bendición para los demás.

Es difícil hacerlo, pero es posible. Lo primero que debes saber es que todo funciona por ley: todo el universo opera bajo leyes. La definición de éxito que he conocido se estableció hace mucho tiempo. Dicen que el éxito es "la realización progresiva de una idea digna." El éxito es ese movimiento continuo hacia una idea valiosa. Es la conciencia constante de una idea digna, una idea que amas y en la que estás involucrado física, emocional y mentalmente.

Debes preguntarte: ¿Es esta idea digna de mí? Ahora comprendes la ley del éxito: el éxito es digno de ti. Esto cambiará tu vida, pues buscarás aquello por lo que vale la pena cambiar tu vida. Tienes que moverte con un propósito claro en la vida, alineado con las leyes que rigen todo el universo.

Piensa en esto por un momento: cada alma viviente tiene la misma cantidad de tiempo cada día. Imagina a una persona descansando bajo un puente, sin hacer nada productivo, o alguien que pasa el día en un parque deslizando su teléfono. Esa persona recibe la misma cantidad de tiempo al día que tú o que el industrial más productivo del mundo. Todos tenemos la misma cantidad de tiempo. Lo que hace la diferencia es cómo lo utilizamos.

> CADA ALMA VIVIENTE TIENE LA MISMA CANTIDAD DE TIEMPO CADA DÍA.

Para gestionar tu tiempo, te recomiendo que escribas en tu agenda o en un papel las actividades que vas a realizar al día siguiente. Anota seis actividades que realmente te acerquen a tus metas. Elige aquellas que de verdad te lleven en la dirección que deseas. Si no logras terminarlas ese día, no pasa nada; continúas con ellas al siguiente día. Cada vez que despiertes, trabaja en ellas con atención y asegúrate de que lo que haces marca la diferencia.

Es importante que tus actividades sean productivas y que te lleven hacia tu objetivo. Siéntate con un lápiz y una hoja de papel y pregúntate: ¿Cuál es tu propósito en la vida? Si vas a hacer algo, pregúntate qué es lo que realmente quieres lograr.

> CUALQUIERA QUE TENGA UN OBJETIVO Y SE MUEVA HACIA ÉL ESTÁ ALCANZANDO EL ÉXITO.

La respuesta puede tardar en llegar, pero eventualmente surgirá en tu conciencia. Cualquiera que tenga un objetivo y se mueva hacia él está alcanzando el éxito.

Elige a alguien que esté progresando y pídele consejos a los expertos. No preguntes a alguien que está en la misma situación que tú, porque no sabrán cómo ayudarte. Encuentra un buen libro y sumérgete en él para alcanzar tus metas. Te recomiendo la Biblia. Debes leerla, porque al hacerlo, no solo verás algo nuevo en el texto; verás algo nuevo en ti, algo que antes no estaba ahí. Descubrirás que la ley de la atracción está en movimiento, atrayendo hacia ti lo que te propones alcanzar.

En resumen, transformar tu paradigma es un paso esencial hacia una vida plena y exitosa. Al reconocer que tienes el poder de redefinir tus creencias y hábitos, abres la puerta a nuevas oportunidades y logros significativos. Establecer metas claras, gestionar tu tiempo de manera efectiva y alinearte con un propósito auténtico te permitirá avanzar constantemente hacia tus sueños. Recuerda que el éxito no es un destino, sino un viaje continuo de crecimiento y realización personal. Al adoptar este enfoque consciente, no solo mejorarás tu vida, sino que también influirás positivamente en quienes te rodean. Da el primer paso hoy y empieza a construir el paradigma que refleje verdaderamente quién eres y quién deseas ser.

PREGUNTAS PARA REFLEXIÓN

1. *Tienes un paradigma de éxito? Explica tu respuesta.*

2. *¿Tus actividades te están llevando hacia el éxito? ¿Hay alguna actividad que debas cambiar por otra? ¿Cuál vas a dejar y cuál nueva vas a adoptar?*

3. LAS CUATRO PEPITAS

Un día, mi hermano me comentó algo que se quedó grabado en mi corazón. Me dijo: "La Biblia es un tesoro escondido; quien la busca de todo corazón, la encontrará". Yo he encontrado cuatro pepitas de oro—es así como yo las llamo—y quiero recomendarlas para que cambien tu vida, tu situación y tu destino. Estas son las cuatro pepitas de oro que quiero compartir contigo:

1. Doy el diezmo al alfolí (Malaquías 3:10–12).
2. Honro a mi madre (Éxodo 20:12; Deuteronomio 5:16).
3. Me humillo en secreto delante de Dios (Mateo 6:6).
4. Doy a los pobres (Proverbios 28:27–28).

Estas prácticas forman parte de mi vida diaria. A través de ellas, compruebo que mi fe está acompañada de obras. Sé que Dios me acompaña y me bendice porque sigo Su Palabra, y Dios le dijo a Josué, cuando le hablaba de ser fiel a los mandamientos de Dios: "No te desvíes de ella ni a la derecha ni a la izquierda, para que tengas éxito dondequiera que vayas" (Josué 1:7). Vamos a examinar estos cuatro "pepitas" en más detalle ahora.

#1 DOY EL DIEZMO AL ALFOLÍ (MALAQUÍAS 3:10-12).

"Traigan todo el diezmo al alfolí, para que haya alimento en Mi casa; y pónganme ahora a prueba en esto", dice el Señor de los ejércitos, "si no les abro las ventanas de los cielos, y derramo para ustedes bendición hasta que sobreabunde. Por ustedes reprenderé al devorador, para que no les destruya los frutos del suelo, ni su vid en el campo sea estéril", dice el Señor de los ejércitos. "Y todas las naciones los llamarán a ustedes bienaventurados, porque serán una tierra de delicias», dice el Señor de los ejércitos" (Malaquías 3:10–12).

Como ya expliqué, tuve que tomar la decisión de confiar en Dios y obedecer lo que la Biblia dice acerca del diezmo y las ofrendas. Vamos a hablar más sobre este tema en capítulo 6, pero aquí solo quiero enfatizar que esto es un asunto de fe y obediencia. Nos corresponde a nosotros confiar en Dios y ser fieles a Sus principios, y le corresponde a Él cumplir con Sus promesas y Sus planes de bendición, en Su tiempo y a Su manera.

Recuerda, cuando das tu diezmo, estás dando a Dios. Sentí una paz y un gozo profundos al dar mis diezmos como si se los entregara directamente a Dios. Mi vida cambió: empecé a experimentar paz y gozo, y desde entonces he crecido continuamente. No con rapidez ni afán, sino paso a paso, experimentando la mano de Dios en mi crecimiento hacia la libertad financiera.

Antes pensaba que todo lo que daba era para los pastores o que se usaba mal; tenía muchas ideas negativas. Pero entonces sentí la presencia de Dios, y Él me habló. Me dijo: "No hay perfectos aquí en la tierra. Tu trato es conmigo y con lo que tengo escrito. Si ellos hacen mal con lo que tú das, yo me encargaré de ellos. Ellos rendirán cuentas conmigo".

Dios me afirmó humildemente, y esto es lo que quiero compartir contigo: si te entrego este libro es porque será de bendición para ti. Si obedeces las Escrituras y esta regla de oro que encontré para lograr la libertad financiera sobre la roca de Dios, esto te motivará muchísimo en tu crecimiento.

#2 HONRO A MI MADRE (ÉXODO 20:12; DEUTERONOMIO 5:16).

"Honra a tu padre y a tu madre, como el Señor tu Dios te ha mandado, para que tus días sean prolongados y te vaya bien en la tierra que el Señor tu Dios te da" (Deuteronomio 5:16).

Ya te expliqué los beneficios del diezmo. Ahora te voy a explicar los beneficios de honrar a tu padre y a tu madre.

Yo honro a mi madre, quien ahora es viuda desde que mi papá falleció. La honro de la mejor manera que sé: le hablo cada vez que puedo. A veces estoy ocupado, pero recuerdo la recompensa de honrarla, y aparto tiempo para llamarla. Siempre que puedo, la visito y le llevo algo de comida.

Yo no estaba acostumbrado a darle dinero porque sabía que tenía y recibía de su jubilación. Pero Dios me habló y me dijo: "Cuando das a la iglesia, ¿te preguntas cuánto lo necesitan, o das por obediencia y fe? Debe ser igual con tu mamá".

Entendí que debía dar a mi mamá por lo que está escrito, no por las circunstancias o la necesidad. Así comencé a darle algo cada mes.

Hago lo mejor que puedo, porque sé que lo que está escrito en la Biblia es cierto, y quiero obedecerlo. Cada vez que hablo con ella, trato de hablarle de la Palabra de Dios y enseñarle lo que está escrito en la Biblia. Busco maneras de bendecirla y honrarla, aunque no soy perfecto.

Si tú también quieres honrar a tus padres pero no sabes cómo, te recomiendo que busques ideas en internet o investigues formas de hacerlo. Obedecer la Biblia y hacer tu parte no solo hace felices a tus padres, sino que también obedece lo que está escrito en la Biblia, y entonces te irá bien y tus días serán prolongados en la tierra.

#3   ME HUMILLO EN SECRETO DELANTE DE DIOS.

(MATEO 6:6)

"Pero tú, cuando ores, entra en tu aposento, y cuando hayas cerrado la puerta, ora a tu Padre que está en secreto, y tu Padre, que ve en lo secreto, te recompensará" (Mateo 6:6).

Para poner en práctica este versículo, me encierro en un cuarto en secreto para humillarme ante Dios. Me arrodillo, coloco mi frente en el piso y apoyo mis manos en el suelo. Ahí empiezo a orar, imaginándome estar en la presencia de Dios. Le digo que jamás me humillaría ante una persona, pero que esta humillación la hago voluntariamente, con un corazón puro y alegre, solo para Él.

Abro mi mente y hablo con Dios, expresando todo lo que hay en mi corazón. Le digo que sigo Su Palabra porque creo en lo que está escrito. Luego, recuerdo que esta práctica trae una recompensa, y le digo: "Padre, sé que Tú cumples lo que está escrito en la Biblia". Le entrego todas mis situaciones, agradecimientos, proyectos, pertenencias, debilidades, e inteligencia. Reconozco que dependo completamente de Él.

Es un momento hermoso porque reconozco que Dios es más grande que todo, el creador del mundo y de la tierra. Mientras oro, mis ojos se abren al entendimiento. Reflexiono sobre cómo mi fe acompañada de obras me respalda cada día de mi vida.

#4   DOY A LOS POBRES (SALMO 41:1–3; PROVERBIOS 28:27–28).

"Bienaventurado el que piensa en el pobre;
En el día del mal el Señor lo librará.
El Señor lo protegerá y lo mantendrá con vida,
Y será bienaventurado sobre la tierra.
Tú no lo entregarás a la voluntad de sus enemigos.
El Señor lo sostendrá en su lecho de enfermo;
En su enfermedad, restaurarás su salud"
(Salmo 41:1–3).

"El que da al pobre no pasará necesidad, pero el que cierra sus ojos tendrá muchas maldiciones" (Proverbios 28:27).

Ayudar a los pobres es una de las cosas que fortalecen mi fe con obras. Esta práctica ha contribuido a mi crecimiento financiero y ha expandido mi mente. Cada vez que doy, recuerdo lo que dice la Biblia, que él que da al pobre jamás tendrá pobreza. Me apego a esta enseñanza y continúo ayudando a los necesitados.

La Biblia menciona que Dios cuida del huérfano y de la viuda, y hace muchas referencias a la importancia de ayudar a los ancianos. También advierte que quien les haga daño enfrentará el juicio de Dios, quien escucha sus oraciones y castigará al que les cause mal.

He comenzado con poco, pero sigo creciendo en este camino. Voy a explicar un poco más sobre este tema en otro capítulo. Cuando me enfoco en ayudar a los pobres, busco especialmente huérfanos, viudas y personas mayores. Recorro colonias, analizando a quién puedo ayudar. Les entrego despensas, y aunque sé que no es mucho, lo hago porque está escrito en la Biblia. Cada vez que entrego una despensa, lo hago con la conciencia de que estoy mostrando mi fe con obras ante el creador del universo. Además, incluyo en la despensa una hoja con algunos versículos bíblicos, donde les recuerdo que es un regalo de parte de Dios, que Él los ama y está atento a sus oraciones.

A través de este mensaje, les doy ánimo espiritual junto con el apoyo material. Sé que muchas de estas personas no leen la Biblia o no conocen la Palabra de Dios, pero confío en que Él obrará en sus vidas. Mi práctica de fe con obras me ha llevado hasta donde estoy hoy, y lo hago porque la Biblia dice que una fe sin obras es muerta. Ayudar al pobre es parte de mi fe con obras, y así lo hago.

PREGUNTAS PARA REFLEXIÓN

1. *¿Estás dando el diezmo al alfolí? Si no, ¿por qué no? Si la respuesta es sí, ¿qué beneficios has visto desde que empezaste a hacerlo?*

2. *¿Estás honrando a tus padres? Si no, ¿por qué no? Si la respuesta es sí, ¿qué beneficios has visto desde que empezaste a hacerlo?*

3. *¿Estás humillándote delante de Dios? ¿Qué significa para ti "humillarte"? ¿Cómo demuestras una actitud humilde delante de Dios?*

4. ¿*Estás dando a los pobres? Si no lo haces, ¿por qué no? Si la respuesta es sí, ¿qué beneficios has visto desde que empezaste a hacerlo?*

4. CONCLUSIÓN

Estas cuatro prácticas que estoy siguiendo hacia la libertad financiera son algo extraordinariamente hermoso. Es un proceso que me ha enseñado a tener paciencia y a escuchar la voz de Dios en silencio. Me ha fortalecido la fe y me ha ayudado a creer más profundamente.

Un pastor me compartió una analogía sobre estas prácticas:

Imagina que cada una de estas actividades es como un buen granjero que, con mucha fe, siembra la semilla confiando en que Dios enviará la lluvia en su tiempo. El granjero hace su parte y planta la semilla, cuidándola para que crezca sin maleza. Él la limpia, la abona, la fertiliza, y espera pacientemente hasta que empiece a dar fruto.

Es un proceso: desde que plantas la semilla hasta que llega la cosecha. Esta analogía me ha animado en estas cuatro prácticas que estoy siguiendo.

- Cada vez que doy el diezmo, pienso: "Es una semilla que dará fruto".
- Cada vez que me humillo delante de Dios, digo: "Es una semilla que dará fruto".
- Cada vez que honro a mi madre, repito: "Es una semilla que dará fruto".
- Y cada vez que doy a los pobres, me digo: "Es una semilla que dará fruto".

Es algo tan hermoso ponerse en esta disposición de plantar semillas para que den fruto. Tenemos que ser pacientes y confiar en que lo que está escrito en la Biblia es cierto. Todo lo que emprendamos y se alinee con la Palabra de Dios dará los resultados prometidos en la Escritura. Si alguien piensa diferente, no nos está llamando mentirosos a nosotros; está cuestionando la Biblia, que es la Palabra de Dios. Si seguimos firmemente la Biblia, podemos estar seguros de que los resultados serán exactamente como están escritos.

3. FUNDAMENTADOS SOBRE LA VERDAD

A. INTRODUCCIÓN

Antes de ser constructor, fui enfermero. Por supuesto, para eso, tuve que estudiar primero la carrera de enfermería. Pasé mucho tiempo leyendo libros, aprendiendo información, tomando clases, presentando exámenes y haciendo prácticas. Era necesario basar mis acciones como enfermero en la ciencia y sabiduría acumulada del campo médico, no solo en mis ideas. Tuve que creer y confiar en los incontables libros y demás escritos que nos daban para estudiar. Estos me sirvieron como base sólida y confiable para brindar atención sana y segura a los pacientes.

De la misma manera, en nuestra economía, no debemos actuar solamente con base en nuestras ideas. Necesitamos bases firmes que sustenten nuestras acciones y decisiones.

Encontramos estas bases en la Biblia, el registro escrito de la revelación de Dios a la humanidad. En la Biblia, que es la Palabra de Dios, tenemos un sinfín de instrucciones e ilustraciones que nos sirven para desarrollar libertad financiera de acuerdo con la voluntad y diseño de Dios.

SI QUEREMOS TENER UN FUTURO FINANCIERO SÓLIDO, DEBEMOS ASEGURARNOS DE CONSTRUIR NUESTRAS VIDAS SOBRE LO QUE LA BIBLIA ENSEÑA ACERCA DE LAS FINANZAS.

Este concepto de bases o cimientos también lo vivo todos los días como constructor. Una de las partes más importantes de un edificio es su fundamento. Puedes tener una casa hermosa, pero si se construyó sobre cimientos débiles o inadecuados, con el tiempo, los muros se hunden, se agrietan, y terminan cayéndose.

Con respecto a nuestra economía, tenemos que asegurarnos de que nuestras vidas están construidas sobre un fundamento seguro. ¿Sabes cuál es el fundamento más confiable de todos? La verdad de Dios. Por eso este libro se llama *Libertad Financiera Bíblica*, porque todo nuestro aprendizaje se basa en la verdad de Dios revelada en la Biblia.

Jesús enseñó precisamente esto a través de una parábola.

"Todo el que viene a Mí y oye Mis palabras y las pone en práctica, les mostraré a quién es semejante: es semejante a un hombre que al edificar una casa, cavó hondo y echó cimiento sobre la roca; y cuando vino una inundación, el torrente dio con fuerza contra aquella casa, pero no pudo moverla porque había sido bien construida.

Pero el que ha oído y no ha hecho nada, es semejante a un hombre que edificó una casa sobre tierra, sin echar cimiento; y el torrente dio con fuerza contra ella y al instante se desplomó, y fue grande la ruina de aquella casa" (Lucas 6:47–49).

Si queremos tener un futuro financiero sólido, debemos asegurarnos de construir nuestras vidas sobre lo que la Biblia enseña acerca de las finanzas. En lugar de seguir solo nuestras propias ideas o las ideas del mundo que nos rodea, necesitamos saber lo que Dios dice.

B. APRENDIENDO DEL REINO DE DIOS

Para experimentar la estabilidad financiera que Dios quiere darnos, tenemos que entender cómo ve Dios la riqueza. La Biblia dice que los caminos de Dios son más altos que nuestros caminos, lo que significa que no podemos esperar que Él trate las finanzas como lo hace el mundo.

"Porque como los cielos son más altos que la tierra,
Así Mis caminos son más altos que sus caminos,
Y Mis pensamientos más que sus pensamientos".
(Isaías 55:9)

Jesús vino a enseñarnos acerca de Dios, y a menudo habló del "reino de Dios". Este reino se refiere al dominio de Dios en la tierra. Significa someter nuestras vidas a Sus principios, Sus valores y Sus mandamientos. "Pero busquen primero Su reino y Su justicia, y todas estas cosas les serán añadidas" (Mateo 6:33).

Entonces, la pregunta es, ¿cómo se ve el reino de Dios? ¿Cómo funciona en la vida cotidiana? Encontramos en Romanos una descripción del reino de Dios que me gusta mucho: "Porque el reino de Dios no es comida ni bebida, sino justicia y paz y gozo en el Espíritu Santo" (Romanos 14:17).

¿Qué quiere decir esto? Que el reino de Dios no consiste en cosas tangibles y pasajeras. Cuando Dios habita en nosotros, el resultado es justicia, paz y gozo. Nuestras vidas deben ejemplificar estos tres valores en todas las áreas. Si queremos que nuestras vidas sean congruentes con el reino de Dios, debemos aplicar estos conceptos a nuestro manejo de dinero.

> CUANDO DIOS HABITA EN NOSOTROS, EL RESULTADO ES JUSTICIA, PAZ Y GOZO.

El primer concepto, la justicia, implica ser honestos en todas las cosas; evitando el fraude, el soborno y la mentira. Dios espera que actuemos con integridad y honestidad, tanto en cómo *ganamos* como en cómo *gastamos* nuestro dinero.

El segundo concepto, la paz, se refiere a una estabilidad interna. Cuando tenemos paz, no estamos afligidos, angustiados, estresados o preocupados. Si deseamos que el reino de Dios se manifieste en nuestras finanzas, debemos pensar y actuar de maneras que fomenten la paz.

El último concepto descrito en Romanos 14:17 es el gozo. Para mí, esto significa disfrutar las bendiciones de Dios. El dinero, por sí solo, no puede proporcionar gozo, pero usarlo para el bien sí trae paz y alegría.

La Biblia enseña mucho sobre el reino de Dios, y estos tres principios—justicia, paz y gozo—son solo un inicio. Por ejemplo, la Biblia dice:

"Por lo demás, hermanos, todo lo que es verdadero, todo lo digno, todo lo justo, todo lo puro, todo lo amable, todo lo honorable, si hay alguna virtud o algo que merece elogio, en esto mediten" (Filipenses 4:8).

Cuando encontramos versículos así, debemos aplicarlos a todas las áreas de nuestras vidas, incluyendo nuestro dinero. Muchas personas están acostumbradas a aplicar la Biblia a sus matrimonios, amistades u otras áreas, pero omiten meditar sobre cómo el reino de Dios debería impactar su relación con el dinero. Es como si pensaran que las cosas "espirituales" y las "materiales" son diferentes. En realidad, todo es lo mismo para Dios. A Él le interesa cada faceta de nuestras vidas, y para Él, todo es espiritual.

Un ejemplo más: el fruto del Espíritu en Gálatas 5. Seguramente has escuchado este pasaje:

"Pero el fruto del Espíritu es amor, gozo, paz, paciencia, benignidad, bondad, fidelidad, mansedumbre, dominio propio; contra tales cosas no hay ley" (versículos 22–23).

Deberíamos preguntarnos, *¿Cómo se ve el fruto del Espíritu en mis finanzas? ¿Se nota la obra de Dios en mi trabajo, mis ahorros y mi manejo de fondos? ¿Estoy enfocándome en desarrollar amor, gozo, paz, paciencia y los demás elementos de esta lista no solamente en mi carácter o conversación, sino también en mi economía?*

En resumen, debemos estudiar y aprender del reino de Dios para saber cómo disfrutar de una verdadera libertad financiera. Todas las enseñanzas, historias y mandatos bíblicos pueden ayudarnos a fundamentar nuestra vida sobre la verdad.

PREGUNTAS PARA REFLEXIÓN

1. ¿Cómo describirías el reino de Dios? ¿En qué maneras estás construyendo ese reino en tu vida financiera?

2. ¿Puedes pensar en algún pasaje o historia de la Biblia que sea aplicable a tus finanzas? ¿Qué te enseña, y cómo podrías poner eso en práctica en tu vida?

C. LAS VERDADES FUNDAMENTALES DEL REINO DE DIOS

Ya vimos que el reino de Dios incluye nuestra economía, y que debemos estudiar cómo Dios piensa y actúa en Su reino para saber cómo manejar mejor los recursos que tenemos. Para que esto sea más fácil de aplicar a la vida cotidiana, vamos a explorar algunas verdades específicas que encontramos en la Biblia y que pueden servir como cimientos para nuestra libertad económica.

VERDAD #1: DIOS ES DUEÑO DE TODO, Y NOSOTROS SOMOS ADMINISTRADORES.

Un paso importante para lograr la seguridad financiera es reconocer que Dios es el dueño de todo. Todo proviene de Él, y todo le pertenece a Él. La Biblia dice:

"'Mía es la plata y Mío es el oro'", declara el Señor de los ejércitos" (Hageo 2:8).

"Del Señor es la tierra y todo lo que hay en ella, El mundo y los que en él habitan" (Salmo 24:1).

"Al Señor tu Dios pertenecen los cielos y los cielos de los cielos, la tierra y todo lo que en ella hay" (Deuteronomio 10:14).

Cuando nos damos cuenta de que Dios, el Creador del universo, es el dueño de todo, eso nos da perspectiva sobre el dinero que Él nos ha confiado. No podemos simplemente ganar dinero como queramos y gastarlo como se nos dé la gana. Tenemos que mantenernos conectados con Dios y asegurarnos de que nuestra gestión del dinero esté alineada con Sus principios y propósitos. Somos responsables ante Dios por cómo usamos los recursos que Él nos ha dado, porque al final de cuentas, lo que tenemos es prestado, y no somos más que administradores.

Qué significa para ti que Dios es dueño de todo? ¿Cómo podrías ser mejor administrador de lo que Él te ha encargado?

VERDAD #2: EL DINERO NO LO ES TODO.

El dinero no es malo; de hecho, es necesario y debe ser algo bueno. Sin embargo, si pensamos que el dinero es capaz de producir satisfacción o felicidad permanente, vamos a terminar desviándonos del camino de Dios.

La avaricia o el amor al dinero es uno de los errores económicos más señalados en la Biblia. Tenemos que evaluar continuamente nuestros corazones para asegurar que la codicia, envidia y avaricia no hayan tomado el control. La verdadera libertad nace del contentamiento, no de la avaricia, la cual nunca se satisface.

"Pero la piedad, en efecto, es un medio de gran ganancia cuando va acompañada de contentamiento. Porque nada hemos traído al mundo, así que nada podemos sacar de él. Y si tenemos qué comer y con qué cubrirnos, con eso estaremos contentos. Pero los que quieren enriquecerse caen en tentación y lazo y en muchos deseos necios y dañosos que hunden a los hombres en la ruina y en la perdición. Porque la raíz de todos los males es el amor al dinero, por el cual, codiciándolo algunos, se extraviaron de la fe y se torturaron con muchos dolores" (1 Timoteo 6:6–10).

"También les dijo: 'Estén atentos y cuídense de toda forma de avaricia; porque aun cuando alguien tenga abundancia, su vida no consiste en sus bienes'" (Lucas 12:15).

En lugar de la avaricia, debemos desarrollar contentamiento y gratitud. El contentamiento implica estar satisfecho con lo que tenemos hoy, sin caer en la flojera o el conformismo, pues es posible estar contento y a la vez soñar con alcanzar más. La gratitud implica reconocer y valorar las bendiciones que tenemos, en vez de enfocarnos solo en lo que nos falta.

¿Cuánto dinero necesitarías para estar feliz y seguro? ¿O hay algo más allá del dinero que produzca felicidad? ¿Eres contento y agradecido? Explica tu respuesta.

VERDAD #3: NO PODEMOS SERVIR A DIOS Y AL DINERO.

¿Quién tiene el control en nuestras vidas, Dios o el dinero? No podemos llamar a Dios "Señor" si nos desviamos de Sus caminos para seguir al dinero. En lugar de llevarnos a la libertad financiera, esto nos lleva a la esclavitud financiera. La verdadera libertad se logra solo al someternos y obedecer a Dios.

"Nadie puede servir a dos señores; porque o aborrecerá a uno y amará al otro, o apreciará a uno y despreciará al otro. Ustedes no pueden servir a Dios y a las riquezas" (Mateo 6:24).

El dinero no puede ocupar el lugar de Dios. Lo necesitamos para vivir, y es un medio para ayudar y bendecir a los que necesitan, pero no debemos poner nuestra confianza en las posesiones y las riquezas, porque son pasajeras. Solo Dios es infinito y eterno. Si el dinero pudiera garantizar la vida, los ricos nunca morirían. Es claro que el dinero no tiene el poder que tiene Dios, por lo tanto, no debe ocupar Su lugar en nuestras vidas.

> "Confía en el Señor con todo tu corazón,
> Y no te apoyes en tu propio entendimiento.
> Reconócelo en todos tus caminos,
> Y Él enderezará tus sendas.
> No seas sabio a tus propios ojos;
> Teme al Señor y apártate del mal.
> Será medicina para tu cuerpo
> Y alivio para tus huesos.
> Honra al Señor con tus bienes
> Y con las primicias de todos tus frutos;
> Entonces tus graneros se llenarán con abundancia
> Y tus lagares rebosarán de vino nuevo".
> (Proverbios 3:5–6)

¿Has puesto alguna vez al dinero como un "dios" en tu vida? ¿Qué puedes hacer para servir solo a Dios y no al dinero?

VERDAD #4: EL TRABAJO ES BUENO Y PROVIENE DE DIOS.

No debemos pensar que la fe en Dios nos exime de la responsabilidad de trabajar. El camino de Dios hacia la libertad financiera siempre incluye el trabajo. Por eso, el libro de Proverbios enfatiza la responsabilidad personal, la diligencia y la fidelidad.

> "Pobre es el que trabaja con mano negligente,
> Pero la mano de los diligentes enriquece"
> (Proverbios 10:4).

> "Pero si alguien no provee para los suyos, y especialmente para los de su casa, ha negado la fe y es peor que un incrédulo" (1 Timoteo 5:8).

En lugar de quejarnos del trabajo o buscar evitarlo, debemos verlo como un regalo de Dios y

3. FUNDAMENTADOS SOBRE LA VERDAD | 57

Su provisión para nuestras necesidades. Muchos desean la bendición de Dios sin esforzarse ni asumir la responsabilidad personal por sus acciones diarias. Sin embargo, cuando pedimos la ayuda de Dios, debemos esperar que la respuesta incluya nuestra participación.

¿Realmente valoras y disfrutas tu trabajo? Si no es así, ¿qué podrías hacer para cambiar esa perspectiva?

VERDAD #5: DIOS QUIERE QUE DISFRUTES SUS BENDICIONES.

Imagina cuando le das un regalo a un niño querido. ¿Qué esperas ver y qué te da más alegría? Verlo disfrutar y jugar con ese regalo.

Dios es mejor que cualquier padre, madre, tío o abuelo. Si nos ha dado recursos, es para que los usemos. Si nos ha bendecido, es para que disfrutemos esas bendiciones.

"A los ricos en este mundo, enséñales que no sean altaneros ni pongan su esperanza en la incertidumbre de las riquezas, sino en Dios, el cual nos da abundantemente todas las cosas para que las disfrutemos" (1 Timoteo 6:17).

"Igualmente, a todo hombre a quien Dios ha dado riquezas y bienes, lo ha capacitado también para comer de ellos, para recibir su recompensa y regocijarse en su trabajo: esto es don de Dios" (Eclesiastés 5:19).

Un error común entre personas religiosas es pensar que el dinero es malo, que desear estabilidad es falta de fe, y que buscar prosperar es avaricia. Pero esto no tiene sentido. ¿Acaso Dios se beneficia si nosotros somos pobres? ¿Le complace ver a alguien sin lo suficiente para vivir? ¿Cómo podría una persona con escasos recursos ayudar a alguien que necesita recursos?

Otro error es no tomarse el tiempo para disfrutar lo que tenemos. Algunos están tan enfocados en trabajar, ahorrar y acumular más dinero que descuidan el disfrute de la vida y la familia. Es bueno ser responsable y ahorrador, pero también es vital usar nuestros recursos para el bienestar propio y de nuestros seres queridos.

La Biblia enseña que Dios es bueno, y Su bondad se refleja en las bendiciones que nos concede. Debemos agradecerlas y disfrutarlas, confiando en Él en todo momento.

¿Te resulta difícil creer que Dios desea que disfrutes de Sus bendiciones? ¿Cuáles son los regalos de Dios que más alegría te traen?

VERDAD #6: SOMOS BENDECIDOS PARA BENDECIR.

Como mencionamos anteriormente, Dios nos bendice para que disfrutemos esas bendiciones. Pero también nos bendice para que las compartamos con otros.

"Yo fui joven, y ya soy viejo,
Y no he visto al justo desamparado,
Ni a su descendencia mendigando pan.
Todo el día es compasivo y presta,
Y su descendencia es para bendición".
(Salmo 37:25–26)

"Y Dios puede hacer que toda gracia abunde para ustedes, a fin de que teniendo siempre todo lo suficiente en todas las cosas, abunden para toda buena obra.

Como está escrito:

«Él esparció, dio a los pobres;

su justicia permanece para siempre».

Y el que suministra semilla al sembrador y pan para su alimento, suplirá y multiplicará la siembra de ustedes y aumentará la cosecha de su justicia. Ustedes serán enriquecidos en todo para toda liberalidad, la cual por medio de nosotros produce acción de gracias a Dios".

(2 Corintios 9:8–11)

¿Cómo podrías utilizar tus recursos para ser una bendición para alguien más?

D. CONCLUSIÓN

La libertad financiera según la Biblia se fundamenta en verdades esenciales reveladas por Dios en las Escrituras. Estas verdades nos enseñan que Dios es dueño de todo y nosotros somos administradores de Sus recursos. Comprender esto nos lleva a manejar nuestras finanzas con integridad, paz y gozo, reflejando los valores del

3. FUNDAMENTADOS SOBRE LA VERDAD | 61

Reino de Dios en nuestra vida económica. Además, reconocemos que el dinero por sí solo no produce felicidad duradera y que no podemos servir simultáneamente a Dios y a las riquezas.

El trabajo, lejos de ser una maldición, es un regalo de Dios y el medio principal por el cual Él provee para nuestras necesidades. Debemos valorarlo y realizarlo con diligencia, viendo en él una oportunidad para honrar a Dios y ser de bendición para otros. Al mismo tiempo, es importante entender que Dios desea que disfrutemos de Sus bendiciones. No se trata de vivir en escasez por falsa humildad, sino de recibir con gratitud y usar con sabiduría los recursos que Él nos confía.

Finalmente, recordemos que somos bendecidos para bendecir a otros. La verdadera libertad financiera no consiste en acumular riquezas para nuestro propio beneficio, sino en ser canales de la generosidad de Dios.

Al aplicar estas verdades fundamentales en nuestra vida diaria, podremos experimentar una administración financiera que honra a Dios, nos brinda paz y nos permite ser instrumentos de bendición para quienes nos rodean. Este es el camino hacia una auténtica libertad financiera basada en los principios eternos de la Palabra de Dios.

4. FE Y GRACIA, EL MEJOR CAMINO

A. INTRODUCCIÓN

Hace tiempo escuché la historia de una mujer cristiana que empezó a tener síntomas en su cuerpo que le alarmaban. Fue al hospital para ver qué tenía, y le hicieron exámenes y estudios. Después le informaron que tenía cáncer.

Cuando ella llegó a su casa, entró a su recámara y cerró la puerta. En un lado puso la Biblia, y al otro lado puso los resultados de los exámenes. Le dijo a Dios: "Aquí estoy, delante de ti; y uno de estos dos está mal. Tu Palabra dice que por la llaga de Cristo soy sanada, y acá en el otro papel dice que hay cáncer. Creo en ti y en tu sanación. Muéstrame que tú dices la verdad. Lo pongo en tus manos, Padre fiel." Lloró, se humilló y oró día tras día, sintiendo una paz y tranquilidad divinas.

Tenía cita en los próximos meses, y cuando la revisaron, le dijeron que no tenía cáncer. Los médicos no lo podían explicar, pero la mujer sabía que Dios había cumplido Su Palabra.

Esta historia es inspiradora porque vemos el poder de Dios y la importancia de la fe. La mujer decidió poner más confianza en la Palabra de Dios que en la palabra de los doctores. En vez de dejarse llevar por el miedo, supo descansar en Dios.

En el tema de la economía, la fe es igualmente importante. Es tan fácil dejarnos llevar por el temor y la angustia; sin embargo, Dios promete en Su Palabra que nos cuidará siempre. Tenemos que elegir confiar más en Sus promesas que en las noticias que escuchamos o las circunstancias que vemos.

> ENTRE MÁS CONOCEMOS A DIOS, MÁS CONFIAMOS EN ÉL.

Si estás enfrentando problemas económicos, te recomiendo que te encierres en tu cuarto, leas los pasajes de la Biblia donde Dios promete suplir tus necesidades, y ores a Él. Fija tus ojos en Dios, no en tu situación. Dile: "Dios, confío en ti y en tus promesas. Estoy haciendo el bien delante de ti, y pido tu ayuda y tu poder. Despierta en mi vida la fe que necesito, y ayúdame en esta situación. Mira, Dios, mi fe acompañada de obras. Yo sé que tú cumples".

Dios no siempre hace lo que esperamos, pero siempre hace lo que necesitamos, y es fiel a Su carácter y Sus promesas.

B. CONOCER Y CONFIAR EN LA GRACIA DE DIOS

En mi negocio, si sé que algún cliente, proveedor o empleado es una persona generosa y compasiva, automáticamente le voy a tener más confianza. Mis acciones y mi actitud hacia esa persona dependen completamente de mi conocimiento de él o ella. No tendré mucha confianza en una persona que apenas conozco, pero pronto ganará mi confianza si veo que su carácter y sus intenciones son buenas.

Lo mismo pasa con Dios. Entre más conocemos a Dios, más confiamos en Él. Nuestra fe está estrechamente conectada con comprender Su infinita misericordia, favor y poder. Esa fe nos permite obedecer Sus mandamientos, confiar en Su fidelidad y esperar milagros.

En cuanto a tu economía y libertad financiera, puedes tener fe en la provisión de Dios porque es un Dios de gracia y amor. Aunque aún no hayas experimentado personalmente los milagros económicos que buscas, puedes ver en la Biblia y en la vida de otras personas que llevan más tiempo siguiendo a Dios cómo Su gracia y poder cambian vidas.

Cuando empecé a seguir a Dios, no sabía mucho y no había experimentado personalmente Sus promesas. Ahora, después de varios años, puedo decir con todo mi corazón que Dios es bueno. Su gracia y misericordia hacia mi familia son asombrosas, y eso me motiva a confiar cada vez más en Él.

Seguramente tendrás tu propia historia de la bondad de Dios, si aún no la tienes. Verás Su bondad, conocerás Su corazón generoso y comprobarás que Sus mandamientos son para tu bien.

PREGUNTAS PARA REFLEXIÓN

1. ¿Has visto de primera mano la bondad y gracia de Dios? ¿Qué ocurrió y qué aprendiste?

2. ¿A veces te cuesta creer que verás el milagro económico que necesitas de Dios? ¿Qué puedes hacer para aumentar tu fe en Él?

C. LA PRESENCIA Y GRACIA DE DIOS

Hay una historia en la Biblia que me gusta mucho porque ilustra muy bien la gracia que proviene de Dios. Se trata de una conversación entre Moisés y Dios cuando Israel había salido de Egipto y estaba a punto de iniciar su largo y peligroso viaje a la Tierra Prometida. Leemos la historia en Éxodo 33:12–15.

Primero Moisés dijo a Dios: "Mira, Tú me dices: «Haz subir a este pueblo». Pero Tú no me has declarado a quién enviarás conmigo". Muchas veces, cuando emprendemos algo, buscamos apoyo de alguien que nos oriente y nos dé seguridad. Cada vez que quieras saber quién está contigo, ten la confianza desde tu corazón de que estás haciendo una obra de

Dios, que Él está en tus emprendimientos y te acompaña.

No es fácil enfrentar un futuro desconocido. Al iniciar un camino emprendedor, puedes sentir que no tienes nada. Sin embargo, fue desde la nada que Dios creó todo lo que existe en el mundo. Cuando estás en la nada, es cuando más creativo te vuelves, porque surgen más ideas y soluciones al depender totalmente de Dios.

> LA GRACIA DE DIOS ABRE PUERTAS QUE NADIE PUEDE CERRAR Y CIERRA PUERTAS QUE NADIE PUEDE ABRIR.

Moisés continuó diciendo: "Pero Tú no me has declarado a quién enviarás conmigo. Además has dicho: «Te he conocido por tu nombre, y también has hallado gracia ante Mis ojos»". Es interesante que Moisés, a quien se le dio la ley, buscara la gracia. Él sabía que la ley que Dios le había dado no podía lograr nada por sí sola y que necesitaba la gracia de Dios.

La gracia de Dios es fundamental en nuestras vidas, negocios y llamados. La ley te la puede dar un hombre, las reglas te las impone una institución, pero la gracia solo Dios te la puede otorgar. La gracia de Dios abre puertas que na-

4. FE Y GRACIA, EL MEJOR CAMINO | 69

die puede cerrar y cierra puertas que nadie puede abrir. Es Su favor lo que hace que las personas quieran hacer negocios contigo, sin necesidad de palabrería o engaños.

Me encanta la respuesta de Dios a Moisés: "Mi presencia irá contigo, y Yo te daré descanso". Moisés respondió: "Si Tu presencia no va con nosotros, no nos hagas salir de aquí".

Moisés entendía el valor infinito de la presencia, favor y gloria de Dios, y nosotros debemos entenderlo igual que él. Su presencia es lo que más necesitamos en cualquier emprendimiento y en toda nuestra vida.

Incontables veces, cuando he tenido dudas o problemas, he recibido la respuesta el domingo durante la reunión de la iglesia. No porque el edificio sea diferente a cualquier otro lugar, sino porque estoy allí buscando a Dios, y Él es fiel para responder. Me da fuerzas, entendimiento e ideas creativas.

> SU PRESENCIA ES LO QUE MÁS NECESITAMOS EN CUALQUIER EMPRENDIMIENTO Y EN TODA NUESTRA VIDA.

Es algo que he aprendido a valorar tanto. Ya no quiero trabajar solo, haciendo únicamente lo que se me ocurre o lo que pienso que es mejor.

Al igual que Moisés, no quiero avanzar si Dios no me acompaña. Su gracia es el poder secreto que me ayuda a prosperar. Ojalá todo emprendedor entendiera que el acompañamiento más valioso no lo da un socio, un inversionista o un empleado, sino Dios mismo.

Si Dios te dice hoy "Mi presencia irá contigo" en lo que emprendas, aunque "pierdas" a veces en los ojos de otros, ya has ganado porque Dios va contigo y siempre te ayuda. La pérdida es temporal; Su presencia es permanente. Cuando Dios está contigo, incluso los errores trabajan para bien, como dice Romanos 8:28: "Sabemos que para los que aman a Dios, todas las cosas cooperan para bien, esto es, para los que son llamados conforme a Su propósito".

A veces, cuando he hablado con personas sobre incluir a Dios en mis finanzas, lo han tomado como materialismo, como si estuviera invocando a Dios solo para beneficio personal y material. En realidad, lo que me importa no es lo material, sino la presencia de Dios. Su presencia conlleva muchas bendiciones, incluidas las económicas. ¿Por qué reducirlo a un materialismo vacío?

La Biblia nos dice en Gálatas 5:22–23 que el fruto del Espíritu es amor, gozo, paz, paciencia, benignidad, bondad, fidelidad, mansedumbre y dominio propio. Romanos 14:17 enseña que "el reino de Dios no es comida ni bebida, sino justicia, paz y gozo en el Espíritu Santo". Estos pasajes y muchos otros pintan un cuadro completo de las bendiciones divinas. Cuando Dios nos acompaña, todo esto y más es el resultado.

PREGUNTAS PARA REFLEXIÓN

1. *¿Qué significa para ti "la presencia de Dios"? ¿Cómo se manifiesta en tu vida y cómo te ayuda?*

2. *¿Cómo podrías estar más consciente de la presencia de Dios en tus finanzas específicamente? ¿Cómo sabes si estás caminando de acuerdo con Su voluntad y dirección?*

D. PRACTICANDO LA PRESENCIA DE DIOS

Dios está en todas partes, pero no siempre somos conscientes de Su presencia ni buscamos Su dirección. Cuando Moisés insistió en que Dios lo acompañara, se comprometió a seguir intencionalmente los caminos de Dios.

Moisés tenía un asistente joven llamado Josué. La Biblia dice que Josué solía acompañar a Moisés al tabernáculo para reunirse con Dios, y cuando Moisés se retiraba, Josué se quedaba. Más adelante, Josué se convirtió en un líder importante en Israel. Fue uno de los dos espías que exploraron la Tierra Prometida y dio un informe lleno de fe en Dios. Luego, fue un líder militar para todo Israel y, tras la muerte de Moisés, Josué tomó su lugar.

En Josué 1:5, vemos un encuentro entre Josué y Dios, donde Dios le dice: "Nadie te podrá hacer frente en todos los días de tu vida. Así como estuve con Moisés, estaré contigo. No te dejaré ni te abandonaré". Nota que Josué no tuvo que preguntar, como Moisés había hecho, si Dios estaría con él. Dios se lo afirmó de inmediato porque Josué ya había buscado y valorado la presencia de Dios durante mucho tiempo.

La fe y el acompañamiento de Dios no son cosas que solo ejercitamos o buscamos cuando tenemos problemas. Deben ser nuestra práctica diaria. Como Josué, debemos cultivar el hábito de buscar a Dios, reconocer Su voz y aprender de Sus caminos. Si hacemos esto, cuando enfrentemos enemigos u oposición, no vacilaremos porque sabremos que Dios está con nosotros.

Al leer la promesa de Dios en Josué 1:5, la veo en dos partes. "Nadie te podrá hacer frente en todos los días de tu vida" me recuerda que habrá enemigos, pero no podrán vencerme. A veces, ignoramos que la vida tendrá momentos difíciles y, cuando llegan esos momentos, nos enojamos o desanimamos. Sin embargo, Dios no promete una vida sin oposición; nos promete que nadie podrá hacernos frente. Esto significa que Dios siempre será más fuerte que cualquier enemigo o circunstancia negativa. Venga lo que venga, debemos confiar en Él.

> LA FE SE NECESITA EN LAS BATALLAS, NO EN TIEMPOS DE PAZ.

De hecho, la fe se necesita en las batallas, no en tiempos de paz. Si solo confiamos en Dios cuando las cosas van bien y todo es fácil, no estamos realmente ejercitando la fe. Estamos confiando en lo que vemos, pero la fe va más allá de eso. La fe es confiar incluso cuando no vemos la salida o la respuesta.

La segunda parte de esta promesa de Dios dice: "Así como estuve con Moisés, estaré contigo. No te dejaré ni te abandonaré". Puedo imaginarme a Moisés hablando con Faraón y viendo las diez plagas que cayeron sobre Egipto. Visualizo cómo lideró al pueblo de Israel fuera de Egipto, llegando al Mar Rojo y obedeciendo las instrucciones de Dios para abrir el mar. Moisés vivió tantos milagros, y en cada paso, Dios estuvo con él.

Esta promesa significa que, de la misma manera, Dios estará conmigo, pase lo que pase. Desde mi perspectiva humana, la vida puede ser impredecible y confusa, pero no lo es para Dios. Él conoce el mañana y cómo me guiará a través de él. Mi tarea es seguirle y serle fiel, y Él se encargará de mi futuro, como lo hizo con Moisés.

Lo hará contigo también. Si te enfocas en Él, si tomas tiempo para seguirle, conocerle y desarrollar tu fe en Él, entonces tu futuro estará seguro en Sus manos.

PREGUNTAS PARA REFLEXIÓN

1. *¿Cuáles son algunas acciones prácticas que puedes tomar para buscar continuamente la presencia de Dios?*

2. *¿Qué significa para ti la promesa a Josué: "Nadie te podrá hacer frente en todos los días de tu vida. Así como estuve con Moisés, estaré contigo. No te dejaré ni te abandonaré"?*

E. FE, OBRAS Y RECOMPENSAS

La Biblia enseña que la fe sin obras no es verdadera fe. Santiago escribió: "Así también la fe por sí misma, si no tiene obras, está muerta" (2:17). Es una cosa decir que tenemos fe en Dios, pero es otra tomar acciones que demuestren esa fe. Imaginemos dos terrenos en el campo: cuando llueve, ambos mantienen el pasto verde porque Dios distribuye la lluvia de manera equitativa. Sin embargo, el terreno que practica una fe con obras es como un campo que construye un jagüey. Este jagüey recoge y almacena las bendiciones cuando caen, y durante las lluvias, mantiene el agua constante. En cambio, el otro campo, que no tiene un jagüey, solo permanece verde mientras llueve. Este es mi mensaje: al ejercer una fe con obras, siempre recibiremos las bendiciones de Dios.

En la historia de Josué que acabamos de ver, Dios prometió estar con él y luego le dijo: "Sé fuerte y valiente, porque tú darás a este pueblo posesión de la tierra que juré a sus padres que les daría. Solamente sé fuerte y muy valiente. Cuídate de cumplir toda la ley que Moisés Mi siervo te mandó. No te desvíes de ella ni a la derecha ni a la izquierda, para que tengas éxito dondequiera que vayas" (Josué 1:6–7). La responsabilidad de Josué era creer lo suficiente en Dios como para obedecer con fuerza y valentía.

En cuanto a tus finanzas, necesitas tener una fe activa, una fe que se refleje en obras. ¿Qué obras? Obediencia a Dios. Esto es lo que autentica tu fe y te lleva al camino de la libertad financiera, la Tierra Prometida que Dios tiene para ti.

Otro ejemplo de fe y obras en la Biblia es David. Era un pastor de ovejas en quien nadie confiaba, pero Dios se complació en él porque era obediente a Su Palabra. Cuando enfrentó a Goliat, parecía imposible vencerlo. Lo notable de esta historia es que David, mezclando su fe con acción, preguntó por las recompensas que el rey ofrecería, seguro de su victoria.

> EN CUANTO A TUS FINANZAS, NECESITAS TENER UNA FE ACTIVA, UNA FE QUE SE REFLEJE EN OBRAS.

Así como Josué y David, cuando fortalecemos nuestra fe con obras, debemos considerar cuál será la recompensa. No estoy sugiriendo obedecer a Dios solo para recibir algo, ya que la obediencia debe ser constante, con o sin recompensa. Sin embargo, las promesas de Dios son seguras, y Él ha prometido bendecir nuestra fe y obediencia. Visualizar las recompensas que Dios ha prometido nos ayuda a mantenernos fieles en tiempos difíciles.

El libro de Hebreos menciona cómo incluso Jesús visualizaba la recompensa de Su obediencia:

"Puestos los ojos en Jesús, el autor y consumador de la fe, quien por el gozo puesto delante de Él soportó la cruz, despreciando la vergüenza, y se ha sentado a la diestra del trono de Dios" (12:2).

¿Cómo podemos visualizar nuestro futuro? A través de la meditación en la Palabra de Dios. Meditar implica contemplar, reflexionar y estudiar. Al meditar en la Biblia, abrimos nuestros ojos a un futuro divino y diferente, un futuro que será nuestro si seguimos los caminos de Dios.

Josué 1:8 dice: "Este libro de la ley no se apartará de tu boca, sino que meditarás en él día y noche, para que cuides de hacer todo lo que en él está escrito. Porque entonces harás prosperar tu camino y tendrás éxito". Si deseamos prosperidad y éxito, debemos seguir estas instrucciones y meditar en la Palabra de Dios, reflexionando sobre cómo serían nuestras vidas al obedecerle.

Este es un acto continuo. Es interesante notar que dice "no se apartará", indicando que la Palabra de Dios ya estaba en Josué, y él debía conservarla y tenerla presente siempre.

Volviendo a David, Dios también transmitió un mensaje similar a través de él en el Salmo 1:2–3:

"Sino que en la ley del Señor está su deleite,
Y en Su ley medita de día y de noche!

Será como árbol plantado junto a corrientes de agua,
Que da su fruto a su tiempo
Y su hoja no se marchita;
En todo lo que hace, prospera".

Para mí, meditar significa cerrar los ojos, oscurecer la habitación, apagar la televisión, apartar el celular y comenzar a imaginar. Imaginar es crear un sueño despierto, mi propia película. En esta película, debo visualizarme triunfando en Dios. No debo imaginarme como el villano en mi propia película de héroes.

> MEDITAR EN SU PALABRA DÍA Y NOCHE ES VISUALIZAR CÓMO SU GRACIA NOS ACOMPAÑA Y PROSPERA.

Si la Palabra de Dios nos da la promesa divina y grandiosa, y si Dios dice, "Estaré contigo todos los días de tu vida, y prosperaré todo lo que emprendas", entonces meditar en Su Palabra día y noche es visualizar cómo Su gracia nos acompaña y prospera nuestros esfuerzos emprendedores.

Imagina que te están esperando, que te dicen que el negocio es tuyo o la empresa es tuya, que todo lo que emprendas será próspero. Imagina que predicando, las almas se convierten a Cristo. Esto es meditar en negocios prósperos, en que te va bien en todo lo que haces, y que Dios está contigo, llenándote de gozo.

Muchos cristianos practican la oración y el ayuno, pero no meditan. Si te gusta el cine, haz tu propia película dentro de ti. Cierra tus ojos y haz tu propia película donde tú eres el héroe porque Su Palabra te da promesas. Cuando te imagines, no te imagines lo que te está pasando. Imagina lo que Dios te prometió.

Te pongo un ejemplo. La Biblia dice, "Ciertamente el bien y la misericordia me seguirán todos los días de mi vida" (Salmo 23:6). Cierro los ojos y me imagino dos gigantes: uno es el bien y el otro la misericordia. Cuando entro en algún nuevo proyecto, digo: "Hey, no cierres la puerta, porque estos dos gigantes vienen conmigo, el bien y la misericordia". Me imagino acompañado por ellos en cada cita, cada negociación, cada proyecto. No tengo por qué temer, porque el bien y la misericordia son mis guardias.

> NO TENGO POR QUÉ TEMER, PORQUE EL BIEN Y LA MISERICORDIA SON MIS GUARDIAS.

Existen miles de promesas en la Biblia, según se dice. Cada una puede inspirar tus tiempos de oración y meditación.

Por supuesto, no puedes tomar cualquier cosa y aplicarla a tu manera. La Biblia no es un libro de fórmulas mágicas, sino un testimonio del involucramiento de Dios en la vida de muchas personas. Por eso estamos hablando de buscar a Dios personalmente y obedecer Su voluntad para ti. No uses la Biblia para justificar tus planes si no son los de Dios. Búscalo siempre, permitiendo que Él te guíe y corrija según sea necesario.

Debes estudiar bien la Biblia para conocer a Dios, Su pensamiento y lo que te pide. Entender el contexto histórico de las promesas bíblicas es crucial para aplicarlas correctamente a tu vida. Después, cuando estés seguro de lo que Dios te dice, aférrate con fe a Sus promesas y demuestra con tus obras que tu fe es genuina. Con el tiempo, verás Sus recompensas.

PREGUNTAS PARA REFLEXIÓN

1. ¿Qué significa "fe" para ti? ¿Cómo has demostrado fe en tu vida?

2. ¿Qué significa "meditación" para ti? ¿Sueles meditar en lo positivo o lo negativo? ¿Cómo crees que meditar en las promesas de Dios podría cambiar tu perspectiva, actitud, acciones y futuro?

F. CONCLUSIÓN

La fe es fundamental tanto en nuestra vida espiritual como en la financiera. A lo largo de este capítulo, hemos explorado cómo la fe en Dios puede transformar nuestra perspectiva y acciones, especialmente en tiempos de dificultad económica. Nuestra fe se fundamenta en la gracia de Dios y se manifiesta en acciones concretas y en una confianza activa en las promesas de Dios.

Junto con la fe, la presencia de Dios en nuestras vidas y finanzas puede cambiar radicalmente nuestra forma de enfrentar desafíos y tomar decisiones. La gracia de Dios, que solo Él puede otorgar, abre puertas que nadie puede cerrar y nos guía hacia la prosperidad según Su voluntad.

Esta presencia no es solo para momentos de crisis, sino que debe buscarse y cultivarse continuamente en nuestra vida diaria. Para lograrlo, la meditación en la Palabra de Dios es una herramienta poderosa para fortalecer nuestra fe y visualizar un futuro próspero. Meditar en las promesas de Dios no es simplemente pensar en ellas, sino imaginarlas vívidamente y permitir que transformen nuestra mentalidad y expectativas.

Al hacerlo, nos alineamos con la voluntad de Dios y nos preparamos para recibir Sus bendiciones. Sin embargo, es crucial recordar que la Biblia no es un libro de fórmulas mágicas, sino un testimonio del involucramiento de Dios en la vida humana. Nuestra fe, obras y meditación deben siempre basarse en una relación personal con Dios y en la obediencia a Su voluntad.

5. TRABAJA Y PROSPERA

A. INTRODUCCIÓN

En los bienes raíces se ocupa mucho dinero. Hay que comprar un terreno en buena ubicación, gestionar los permisos necesarios, construir los cimientos y edificar la casa. Todos estos pasos implican un alto costo.

Cuando empecé, disponía de muy poco dinero, insuficiente para financiar un proyecto. Por ello, decidí buscar un socio inversor. Para lograrlo, tuve que aprender a planear y administrar bien los proyectos, ya que un socio no invertirá en una idea sin fundamentos. Fue crucial presentar planes realistas que incluyeran el presupuesto necesario, el tiempo estimado de construcción y el valor final de la propiedad, demostrando así que habría una ganancia al finalizar.

Este proceso lo aplico en cada proyecto. Primeramente, localizo un terreno bien ubicado y negociable con el propietario dentro de mi presupuesto. Luego, elaboro un diseño y calculo los costos de materiales y mano de obra, estimando también la duración de la construcción. Finalmente, evaluando las condiciones del mercado, determino el valor proyectado de la propiedad. Con esta información, me acerco al socio e ilustro el plan detalladamente: "Esto es lo que costará, finalizará en tres meses, lo podremos vender por tanto, y dividiremos las ganancias al cincuenta por ciento".

> LA FE EN DIOS NO ES SIMPLEMENTE UNA CREENCIA VERBAL O MENTAL, SINO QUE SE DEMUESTRA CON ACCIONES SABIAS Y CONCRETAS EN LA VIDA REAL.

Con el tiempo, gracias a Dios, la mayoría de mis proyectos han sido rentables. Aunque no todos han salido perfectos y siempre surgen imprevistos, una buena planeación y gestión permiten absorber incluso lo inesperado, ya que se incluye un margen de error dentro del presupuesto y el plan.

He descubierto que la fe en Dios no es simplemente una creencia verbal o mental, sino que se demuestra con acciones sabias y concretas en la vida real. No basta con decir: "Tengo fe en que Dios me bendecirá". Es necesario demostrar esa fe mediante acciones. Si un inversor espera ver esto, ¿cuánto más Dios? El apóstol Santiago ofrece una sabia reflexión:

> "PORQUE ASÍ COMO EL CUERPO SIN ESPÍRITU ESTÁ MUERTO, ASÍ TAMBIÉN LA FE SIN OBRAS ESTÁ MUERTA."

"¿De qué sirve, hermanos míos, si alguien dice que tiene fe, pero no tiene obras? ¿Acaso puede esa fe salvarlo?... Así también la fe por sí misma, si no tiene obras, está muerta. Pero alguien dirá: «Tú tienes fe y yo tengo obras. Muéstrame tu fe sin las obras, y yo te mostraré mi fe por mis obras»"...Porque así como el cuerpo sin espíritu está muerto, así también la fe sin obras está muerta".
(Santiago 2:14, 17–18, 26)

La fe sin un buen plan de proyectos y sin una sabia administración no es verdadera fe; es simplemente un deseo humano. La fe que proviene de Dios siempre se traduce en acciones que la respaldan. Estas acciones incluyen pasos prácticos y visibles que conducen hacia la acción y el éxito.

Muchos desean prosperar sin trabajar, o sin hacer las cosas correctamente, pero la vida no funciona así. El camino hacia la libertad financiera requiere trabajo, paciencia, sabiduría, planeación y administración adecuada. Analicemos estos cinco aspectos con más detalle.

B. EL TRABAJO: BENDICIÓN, NO MALDICIÓN

Una fe verdadera en Dios siempre te llevará a trabajar. Por supuesto, Dios hace más que tú en cualquier proyecto, y Su poder y gracia son la base de tu trabajo. Sin embargo, Él no trabaja en lugar de ti. Te pide moverte. Te pide tomar pasos de fe, no solo hablar palabras de fe. El trabajo no reemplaza o anula tu fe, sino que es la prueba de esa fe.

Es esencial entender que Dios te diseñó para trabajar. Te dio fuerza, tiempo, creatividad y dones. Debes usarlos, no desperdiciarlos.

Cuando Dios creó a Adán y Eva, los colocó en el huerto de Edén para que lo cultivaran y lo cuidaran. Génesis nos dice: "El Señor Dios tomó al hombre y lo puso en el huerto del Edén para que lo cultivara y lo cuidara" (2:15). Este mandamiento fue dado antes del pecado y del castigo posterior. Es decir, el trabajo es parte del diseño original de Dios para el ser humano, no el resultado de la caída.

Con la entrada del pecado en la raza humana, el trabajo del ser humano se volvió más difícil. Sin embargo, el trabajo en sí no es malo, sino bueno. Mientras estemos en esta vida, a veces experimentaremos las partes negativas del trabajo también, pero con la ayuda de Dios, estas se disminuyen, y podemos disfrutar el trabajo como Dios lo diseñó: algo que nos desafía, involucra nuestros talentos, nos desarrolla y nos otorga un profundo sentimiento de satisfacción.

Tal vez te han enseñado otro concepto del trabajo: que es malo, o que roba la felicidad de tu vida, o que hay que evadirlo lo máximo posible. Por eso mucha gente vive para los fines de semana y las vacaciones, y solo aguanta el trabajo.

Estoy convencido de que Dios quiere darte un nuevo concepto del trabajo para que lo puedas disfrutar y aprovechar. Él te colocó aquí para lograr algo. Te ha dado dones, recursos, experiencia, sueños, pasión, tiempo, salud y grandes oportunidades.

PREGUNTAS PARA REFLEXIÓN

1. ¿Para ti, el trabajo es agradable o desagradable? ¿Por qué?

2. ¿Qué necesitarías para que tu trabajo fuera algo que realmente disfrutes y haces bien? Escribe un paso que puedes tomar esta semana para avanzar hacia ese futuro.

C. PACIENCIA: TODO LLEVA SU PROCESO

¿Alguna vez has conducido hacia una montaña que parecía estar muy lejos? Mientras manejas, si observas la montaña, parece que no cambia de tamaño y puedes pensar que nunca llegarás. Pero después de una hora, si la vuelves a ver, parece mucho más cerca. Si la pasas de lado y sigues conduciendo, y después de un tiempo vuelves a mirar, ahora está muy atrás.

Así es como ocurre en nuestras vidas financieras. A veces, al mirar a nuestro alrededor, sentimos que nada ha cambiado, que no estamos avanzando ni mejorando. Pero si continuamos avanzando con paciencia y perseverancia, llegará el día en que miremos hacia atrás y veremos los cambios dramáticos que han ocurrido a lo largo de nuestras vidas.

> TODO LLEVA SU TIEMPO... ES NECESARIO SER FIELES Y SABIOS A LARGO PLAZO.

Todo lleva su tiempo. Los nuevos negocios o proyectos laborales requieren meses o incluso años para comenzar a dar frutos. Lo mismo sucede cuando intentamos mejorar nuestra administración financiera, o cuando decidimos actuar con integridad, o cuando empezamos a orar y diezmar: no siempre veremos resultados inmediatos. Es necesario ser fieles y sabios a largo plazo.

El problema es que muchos de nosotros no tenemos la paciencia suficiente para este viaje.

Queremos todo bueno, bonito, barato... y ahora mismo! Entonces buscamos atajos que a menudo resultan en retrasos. Nos desesperamos y nos rendimos justo antes de ver los frutos de nuestro esfuerzo. Preferimos buscar dinero rápido en lugar de construir una base segura y sostenible.

> SI AÚN NO HAS VISTO LOS RESULTADOS DE TU TRABAJO, NO TE RINDAS.

Proverbios 21:5 nos enseña: "Los pensamientos del diligente ciertamente tienden a la abundancia; mas todo el que se apresura alocadamente, de cierto va a la pobreza". Aquí, "diligente" se refiere a la persona que trabaja pacientemente durante el tiempo necesario.

Si aún no has visto los resultados de tu trabajo, no te rindas. Estás regando las semillas que has sembrado, y la cosecha llegará en el momento adecuado.

PREGUNTAS PARA REFLEXIÓN

1. En general, ¿consideras que eres paciente o tiendes a desesperarte fácilmente? ¿Cómo podrías crecer en esta área?

2. ¿En qué área de tu vida necesitas ser más diligente y paciente? Puede ser en algún proyecto laboral o en un asunto personal. ¿Qué pasos podrías tomar para fortalecer tu perseverancia y tener la paciencia necesaria para seguir adelante?

D. SABIDURÍA: PENSANDO COMO DIOS

La sabiduría es tan crucial que hay un libro completo de la Biblia dedicado a ella: Proverbios. La sabiduría implica entender qué hacer en diferentes situaciones; va más allá del conocimiento, incluyéndolo y aplicándolo a la vida diaria. Por eso Proverbios 1:7 dice, "El temor del Señor es el principio de la sabiduría; Los necios desprecian la sabiduría y la instrucción".

Uno de tus mayores desafíos debería ser desarrollar sabiduría. Proverbios afirma:

> "Bienaventurado el hombre que halla sabiduría
> Y el hombre que adquiere entendimiento.
> Porque su ganancia es mejor que la ganancia de la plata,
> Y sus utilidades mejor que el oro fino.
> Es más preciosa que las joyas,
> Y nada de lo que deseas se compara con ella.
> Larga vida hay en su mano derecha,
> En su mano izquierda, riquezas y honra.
> Sus caminos son caminos agradables
> Y todas sus sendas, paz.
> Es árbol de vida para los que echan mano de ella,
> Y felices son los que la abrazan".
> (Proverbios 3:13–18)

Esto no es solo poesía bonita; es una verdad absoluta. Sin sabiduría, el dinero, las oportunidades o las conexiones no nos sirven, pues los desperdiciaremos con malas decisiones. Por el contrario, aunque no tengamos muchos recursos o puertas abiertas como otros, si sabemos usarlos bien, podremos crecer y prosperar. La sabiduría proviene de Dios. Santiago dice:

> "Y si a alguno de ustedes le falta sabiduría, que se la pida a Dios, quien da a todos abundantemente y sin reproche, y le será dada" (Santiago 1:5).

Más adelante, el mismo libro enseña:

> "La sabiduría de lo alto es primeramente pura, después pacífica, amable, condescendiente, llena de misericordia y de buenos frutos, sin vacilación, sin hipocresía" (Santiago 3:17).

Dios nos concede esta sabiduría a través de varios medios, comenzando por *la voz del Espíritu Santo*. Cuando buscamos a Dios, a menudo nos da ideas, creatividad y dirección.

Segundo, Él nos da sabiduría a través del *consejo*. Es esencial buscar la ayuda de personas más sabias que nosotros. Proverbios también enseña: "Sin consulta, los planes se frustran, pero con muchos consejeros, triunfan" (15:22).

Y tercero, viene a través de la *experiencia*. No siempre haremos las cosas bien, pero aprender de nuestros errores aumenta nuestra sabiduría.

Si buscas crecer en tus finanzas, te animo a enfocarte en desarrollar tu sabiduría, conocimiento y entendimiento. Lee libros, mira videos, toma cursos, pide consejo, estudia, analiza tus errores y experimenta. Si te dedicas seriamente a buscar la sabiduría, esta te llevará al éxito.

PREGUNTAS PARA REFLEXIÓN

1. *¿En qué áreas de tu vida te consideras más sabio, y en cuáles menos sabio? ¿Cómo podrías aumentar tu sabiduría en las áreas donde te sientes más débil?*

2. *¿Qué estás haciendo hoy para ser más sabio? ¿Qué planes tienes para el futuro para continuar capacitándote y creciendo en tu entendimiento?*

E. PLANEACIÓN: ATERRIZANDO TU FE

Planificar implica fijar metas y diseñar estrategias para alcanzarlas en un tiempo específico. Esto requiere trabajo y honestidad. Es fácil hablar de abrir un negocio o cambiar de carrera, pero mucho más difícil establecer pasos prácticos y realizables.

> PLANIFICAR IMPLICA FIJAR METAS Y DISEÑAR ESTRATEGIAS PARA ALCANZARLAS EN UN TIEMPO ESPECÍFICO.

Jesús usó la analogía de construir una torre para ilustrar este principio con Sus discípulos:

> "Porque, ¿quién de ustedes, deseando edificar una torre, no se sienta primero y calcula el costo, para ver si tiene lo suficiente para terminarla? No sea que cuando haya echado los cimientos y no pueda terminar, todos los que lo vean comiencen a burlarse de él, diciendo: 'Este hombre comenzó a edificar y no pudo terminar'" (Lucas 14:28–30).

Es crucial tener un plan realista antes de iniciar cualquier proyecto. Algunos prefieren saltarse este paso, pero esto raramente conduce al éxito. La planeación implica tiempo y esfuerzo:

por ejemplo, conseguir presupuestos, cotizar materiales y mano de obra, estudiar el mercado y desarrollar una estrategia detallada.

¿Cuál será tu primer paso? ¿Cuándo lo llevarás a cabo? ¿Cuánto costará? ¿Quiénes estarán involucrados y cómo colaborarán? ¿Cuál será el segundo paso, el tercero? ¿Para cuándo prevés completar cada etapa?

La planeación te ayuda a concretar tus proyectos de manera ordenada y efectiva. En la búsqueda de la libertad financiera, no existen atajos ni suerte. No se trata de pedir un deseo y verlo cumplido instantáneamente, sino de elaborar un plan sólido, dar pasos de fe y perseverar para ver resultados.

> EN LA BÚSQUEDA DE LA LIBERTAD FINANCIERA, NO EXISTEN ATAJOS NI SUERTE.

Por supuesto, aunque tus planes sean buenos y detallados, la vida es impredecible y solo Dios conoce el futuro. "La mente del hombre planea su camino, pero el Señor dirige sus pasos" (Proverbios 16:9). Debes hacer planes, pero siempre confiando en Dios, reconociendo que Sus planes pueden ser diferentes y mejores. Esto es lo que Santiago enfatiza:

"Oigan ahora, ustedes que dicen: 'Hoy o mañana iremos a tal o cual ciudad y pasaremos allá un año, haremos negocio y tendremos ganancia'. Sin embargo, ustedes no saben cómo será su vida mañana. Solo son un vapor que aparece por un poco de tiempo y luego se desvanece. Más bien, debieran decir: Si el Señor quiere, viviremos y haremos esto o aquello" (4:13–15).

Santiago no critica los planes, sino la arrogancia de hacer planes sin tomar en cuenta a Dios. Haz tus planes con diligencia y confía en Dios para dirigir tus pasos. Este es el camino hacia la verdadera libertad financiera.

PREGUNTAS PARA REFLEXIÓN

1. ¿Recuerdas algún proyecto que planificaste meticulosamente? ¿Cómo funcionó el plan? ¿Qué aprendiste de esa experiencia?

2. Mirando hacia adelante, ¿qué áreas de tu vida requieren una mejor planeación? ¿Estás satisfecho con tu enfoque actual? Si no es así, ¿cómo podrías mejorar?

F. ADMINISTRACIÓN: TOMANDO PASOS FIRMES

Después de planear, inicias tu proyecto o trabajo, que puede llevar desde unos meses hasta décadas, dependiendo de su naturaleza. La administración es clave en cómo supervisas y diriges eficazmente tus asuntos durante todo el proceso, utilizando sabiamente los recursos que tienes a disposición.

Hay una parábola que me gusta mucho sobre la importancia de usar bien los dones y recursos que se nos han confiado. Se llama la parábola de los talentos, y se encuentra en Mateo 25:14–30.

Para resumirlo: un hombre se fue de viaje y confió a sus siervos su riqueza, dando a cada uno una cantidad de talentos (una moneda de gran valor) según su capacidad. A uno le dio cinco talentos, a otro dos y a otro uno. El siervo que recibió cinco talentos negoció con ellos y ganó otros cinco. El que recibió dos también ganó otros dos. Sin embargo, el que recibió un talento cavó un hoyo en la tierra y escondió el dinero de su señor. Cuando el señor regresó, elogió a los dos primeros siervos por su diligencia y los recompensó con mayores responsabilidades. Sin embargo, reprendió al tercer siervo por su pereza y falta de iniciativa, quitándole el talento y dándoselo al que tiene diez.

> CUANDO SABEMOS ADMINISTRAR BIEN LO QUE TENEMOS, PRODUCE MULTIPLICACIÓN.

La lección triste del trabajador con un talento es que las personas que no hacen nada con lo que tienen, sufren malas consecuencias. Por otro lado, la lección positiva es que cuando sabemos administrar bien lo que tenemos, produce multiplicación.

Piensa por un momento en la actitud y comportamiento del mal administrador.

- Por el miedo al fracaso no hizo nada.
- Escondió lo que tenía en vez de usarlo.
- Buscaba conservar nada más lo que tenía

- en vez de salir de la zona de confort.
- Era flojo y no quería esforzarse.
- No era sabio, porque ni siquiera metió el dinero al banco para recibir intereses.
- Terminó perdiendo lo poco que tenía.

Para alcanzar y permanecer en la libertad financiera, tenemos que ser administradores buenos y fieles. No podemos dejar que el temor, la flojera, el conformismo o la ignorancia nos ganen las oportunidades que tenemos.

Somos hijos de Dios, y Él no es nada de eso. Es valiente, no miedoso. Es trabajador, no perezoso. Es visionario, no conformista. Y es sabio, no ignorante.

En contraste al mal administrador, los dos siervos fieles hicieron las cosas bien. Supieron administrar lo que les había sido encomendado. Podemos notar que ellos:

1. Negociaron prudentemente.
2. Multiplicaron los recursos.
3. Dieron cuentas claras de sus acciones.
4. Devolvieron al amo lo que era suyo.

De la misma manera, nosotros podemos y debemos administrar con prudencia, tener como propósito la multiplicación de los recursos, dar cuentas claras de lo que hacemos, y dar a Dios el diezmo y las ofrendas que le corresponden.

Siempre debemos hacer algo mejor para bendecir a los demás. Multiplicar lo que tenemos y generar empleo produce beneficios para otras personas. Quien comprende cuál es el llamado de Dios aquí en la tierra también entiende su propósito. Dios nos mandó para ser una bendición y se agrada cuando somos productivos y nuestras acciones son de beneficio para los demás. Como dice la Biblia, "En esto es glorificado Mi Padre, en que den mucho fruto, y así prueben que son Mis discípulos" (Juan 15:8).

Ahora observa lo que pasa con las personas que tienen un talento y evitan multiplicarlo o producir algo con lo que Dios les ha dado. Es importante comprender este mensaje. Es un ejemplo profundo que Dios me ha revelado y del que me he dado cuenta. Lamentablemente, las personas que no hacen nada enfrentan estas consecuencias, aunque las nieguen.

En esta parábola vemos a las personas que no negocian ni producen:

1. Por miedo al fracaso, no hacen nada.
2. Esconden lo que saben y se niegan a ponerlo en práctica.

3. Quieren conservar lo que ya tienen y vivir en una zona de confort.
4. Reconocen que son flojos y no hacen nada por esforzarse.
5. Tienen dinero, pero no lo ponen a trabajar ni generan ganancias.
6. Al no hacer nada, pierden lo que tienen, y se les quita para dárselo a otros.

Bajo ninguna circunstancia debemos cometer estos actos negligentes. Esta parábola nos muestra claramente las trampas que debemos evitar. Dios nos revela a través de estos versículos cuáles son nuestros problemas y cómo salir adelante. A través de estos ejemplos financieros, aprendemos lo que es el reino de Dios y Su justicia. Debemos ser prudentes a negociar, multiplicar, rendir cuentas y ser generosos, porque nuestra fe es activa y se manifiesta a través de nuestras obras.

Nosotros, como hijos de Dios, debemos conocer lo que está escrito en Su Palabra para aprender a multiplicar. Debemos adoptar una mentalidad emprendedora, enfocada en multiplicar y beneficiar a los demás.

La Biblia es un manual para escoger el camino correcto y poner nuestra confianza en Dios.

Nuestro compromiso es hacer el bien y actuar de manera recta delante de Él.

PREGUNTAS PARA REFLEXIÓN

1. *Evalúa los recursos que administras en tu vida del 1 al 10 en cada área. ¿Dónde necesitas mejorar?*

2. *¿Dónde ves oportunidades para multiplicarte en tu vida actualmente? ¿Qué puertas abiertas te gustaría explorar?*

G. CONCLUSIÓN

El camino hacia la libertad financiera combina fe activa con acciones prácticas. Trabajo diligente, paciencia, búsqueda de sabiduría, planeación cuidadosa y administración efectiva son fundamentales para el éxito financiero, principios que encuentan respaldo en enseñanzas bíblicas.

El libro de Proverbios, que hemos citado a menudo, nos recuerda: "En todo trabajo hay ganancia, pero el vano hablar conduce solo a la pobreza" (14:23). Reflexiona sobre tus planes, proyectos, sueños y desafíos. Activa tu fe y pon en práctica la voluntad de Dios para ti. No esperes más para comenzar.

Si sientes que hay metas que Dios ha puesto en tu corazón, ora y luego actúa. La libertad financiera te espera.

6. BENDECIDOS PARA BENDECIR

A. INTRODUCCIÓN

Tuve una experiencia que no puedo olvidar y que incluso me llevó a dejar de ayudar a las personas por un tiempo, cuando aún no tenía conocimiento de la Palabra de Dios. Un día me encontraba en la frontera, y un hombre se me acercó. Me contó que había intentado cruzar a Estados Unidos, pero no lo logró y lo regresaron. Me dijo que se había quedado sin dinero, llevaba 15 días sin comunicarse con su familia y sobrevivía con lo que la gente le daba para comer. Su historia me conmovió profundamente, y sentí en mi corazón el deseo de ayudarlo. Le pregunté cuánto necesitaba para regresar a su pueblo, y me dijo una cantidad.

Se la di generosamente, junto con un poco más, para que pudiera regresar con su familia. Me sentí muy bien y seguro de que había hecho lo correcto al ayudar a mi prójimo.

Al día siguiente, por la tarde, fui a caminar por la plaza en la frontera, y para mi sorpresa, vi a la misma persona. Me reconoció y me sonrió. Asombrado, le pregunté:

"¿Qué hiciste? ¿Por qué no te has ido?"

Entonces me confesó que toda su historia había sido una mentira. Me dijo que así vivía allí, pidiendo dinero, y que le iba muy bien con esa estrategia. Me sentí frustrado y le dije:

"No hagas esto, por favor. Por personas como tú, los demás dejarán de ayudar a los que realmente lo necesitan, pensando que todos son abusadores".

Estaba tan enojado que lo alejé de mí y le pedí que no volviera a acercarse. Después de esa experiencia, pasé mucho tiempo sin ayudar a nadie. De hecho, no lo hice hasta que conocí a Dios y empecé a seguir Su Palabra. Ahora elijo con cuidado a las personas a las que ayudo, guiándome por la Biblia. De esta manera, me siento en paz y tranquilo con lo que hago, sabiendo que obedezco la Palabra de Dios.

Es importante analizar, reflexionar y apegar tus decisiones a la Biblia. Escoge con sabiduría a las personas a las que vas a ayudar. Si lo haces con un corazón sincero, encontrarás paz y gozo en tus acciones.

Algo que me encanta de la Biblia es que no solo nos muestra cómo prosperar, sino que nos enseña a compartir lo que tenemos. Aquí encontramos una de las grandes diferencias entre el camino de Dios y el camino egoísta que muchos libros y cursos seculares proponen. Para ellos, la prosperidad es solo para uno mismo; para Dios, la prosperidad es tanto para uno mismo como para otros.

De hecho, la verdadera prosperidad no se puede separar de la generosidad. Hemos sido bendecidos para bendecir. Proverbios 11:25 dice, "El alma generosa será prosperada, y el que sacie a otros, también él será saciado". Más adelante leemos, "El que se apiada del pobre presta al Señor, y Él lo recompensará por su buena obra" (19:17). Si quieres prosperar, debes ser generoso.

Por supuesto, debes ser trabajador, honesto, fiel y sabio, como hemos hablado en este libro. Pero junto con esto, y tal vez más importante aún, está tu corazón de generosidad. Dios quiere que seas como Él en todo, y Él es generoso.

B. DIOS PONE EL EJEMPLO.

Nuestra generosidad es el reflejo de la bondad y generosidad de Dios hacia nosotros. "Nosotros amamos porque Él nos amó primero", dice 1 Juan 4:19. Nosotros damos por la misma razón: porque Él nos ha dado tanto.

¿Has experimentado la generosidad de Dios? ¿Has recibido buenas cosas de Él? Estoy seguro de que sí. La misma vida es un regalo. Su gracia es un regalo también, junto con Su presencia y los dones espirituales que nos ha dado. Si miras a tu alrededor, los amigos y la familia son regalos de Él, al igual que tu ropa, coche, casa, salud, salario y mucho más.

Aquí te dejo algunos de los muchos versículos que hablan de la generosidad de nuestro Dios:

"El Señor es mi pastor, nada me faltará" (Salmo 23:1).

"Pues si ustedes, siendo malos, saben dar buenas dádivas a sus hijos, ¿cuánto más su Padre que está en los cielos dará cosas buenas a los que le piden?" (Mateo 7:11).

"El que no negó ni a Su propio Hijo, sino que lo entregó por todos nosotros, ¿cómo no nos dará también junto con Él todas las cosas?" (Romanos 8:32).

"Y Dios puede hacer que toda gracia abunde para ustedes, a fin de que teniendo siempre todo lo necesario en todas las cosas, abunden para toda buena obra" (2 Corintios 9:8).

"Y mi Dios proveerá a todas sus necesidades, conforme a sus riquezas en gloria en Cristo Jesús" (Filipenses 4:19).

Recuerda que fuiste creado a imagen de Dios. Si Dios es por naturaleza un dador, tú también lo eres. Ser generoso es parte de tu ADN espiritual, y cuando lo hagas, experimentarás el gozo de actuar conforme a tu diseño. Además, te estarás posicionando para recibir aún más bendiciones de Dios. Jesús dijo: "Den, y se les dará: medida buena, apretada, sacudida y desbordante. Porque con la medida con que midan, se les medirá" (Lucas 6:38).

Si estás luchando económicamente, te invito a poner tu fe en tu Dios generoso. No tienes que ganar Su favor ni merecer Sus bendiciones. Solo tienes que creer en Él y buscarlo con todo tu corazón.

Junto con esto, te invito a creer que tú también eres un dador. Aunque sea poco, te animo a compartir lo que tienes con otras personas. Sé fiel con los diezmos y las ofrendas. Permite que la gracia de Dios fluya a través de ti hacia otras personas.

PREGUNTAS PARA REFLEXIÓN

1. ¿Cómo has visto la generosidad de Dios en tu vida?

2. ¿Qué te enseña la generosidad de Dios sobre ser generoso con lo que tienes?

C. LA PROSPERIDAD ES MÁS QUE EL DINERO.

Las bendiciones de Dios abarcan mucho más que simplemente tu economía. Es importante recordar esto por dos razones.

Primero, te ayuda a estar contento aun cuando estás experimentando dificultades financieras, ya que puedes reconocer otras bendiciones en tu vida. No confundas la falta de dinero con la falta de bendición. Estoy seguro de que, al reflexionar, encontrarás muchas razones para celebrar y agradecer la bondad de Dios en tu vida. Al reconocer estas cosas, tu fe crecerá respecto a tu situación económica.

Segundo, te recuerda que no debes sacrificar otras bendiciones solo por obtener más dinero.

> NO DEBES SACRIFICAR OTRAS BENDICIONES SOLO POR OBTENER MÁS DINERO.

Muchas personas sacrifican su salud, su familia o su integridad en busca de mayores ingresos, pero luego se lamentan porque el dinero no les brinda acompañamiento ni alegría, o porque físicamente ya no pueden disfrutar de lo que han ganado.

Siempre debes buscar una prosperidad holística, que abarque todos los aspectos de tu vida. Las bendiciones de Dios incluyen:

- La salvación (Juan 3:16; Romanos 6:23)
- La familia (Proverbios 18:22; Salmo 127:3-5)
- La salud (3 Juan 1:2; Salmos 103:2-3)
- El trabajo (Deuteronomio 8:18)
- La provisión material (Filipenses 4:19; Mateo 6:31-33)
- La sabiduría y la dirección (Santiago 1:5; Salmo 32:8)

- La gracia y el perdón (Efesios 1:7–8; 1 Juan 1:9)
- La paz (Filipenses 4:7)
- El consuelo (2 Corintios 1:3–4)
- El tesoro celestial (1 Pedro 1:3–4)

Puede ser que encuentres en esta lista algunas áreas donde no estás experimentando la plena bendición de Dios todavía. No te desesperes. Primero, agradécele por lo que ya tienes. Luego, ora, reflexiona e investiga en esas áreas donde deseas crecer, pidiendo que Dios te muestre Su voluntad.

Es importante reiterar que la prosperidad de Dios suele ser un proceso, como vimos en los capítulos anteriores. No te desesperes si aún no la has visto. Decide estar contento con lo que tienes hoy y sigue trabajando y perseverando. Con el tiempo y a la manera de Dios, verás los resultados.

Estoy convencido de que Dios quiere ayudarte a recibir Sus bendiciones. Eres Su hijo y te ama con todo Su corazón. ¿Por qué no te daría todo lo que tiene planeado para ti?

PREGUNTAS PARA REFLEXIÓN

1. ¿Cuáles son las mayores bendiciones que Dios te ha dado? Al reconocer y agradecer estos regalos, ¿cómo te sientes con respecto a las áreas de tu vida donde todavía sientes falta o necesidad?

2. ¿Qué significa para ti "estar contento"? ¿Cómo puedes estar contento y al mismo tiempo creer por mayores bendiciones?

D. PLANEA TU GENEROSIDAD.

Vemos en la Biblia que Dios es intencional con Sus bendiciones, activamente involucrado en nuestras vidas, dándonos lo que necesitamos y ayudándonos a vivir mejor. Fuimos creados a imagen de Dios, como mencionamos anteriormente, así que también debemos ser intencionales y planear cómo ser una bendición para otros. Hay muchas formas de hacerlo. Aquí veremos tres de las más importantes.

1. DIEZMAR Y OFRENDAR

El diezmo es una parte proporcional de tus ingresos que das a la iglesia donde asistes. La iglesia es tu comunidad, y participar en los gastos de la comunidad es un privilegio y una responsabilidad. El buen funcionamiento de la iglesia depende de las donaciones generosas y voluntarias de la gente.

En el libro de Malaquías, Dios insta a Israel a cumplir con sus diezmos, prometiendo que, si lo hacen, Él abrirá "las ventanas de los cielos" y derramaría "bendición hasta que sobreabunde" (3:10). Esta bendición no se limita al dinero; incluye la salud, la estabilidad familiar, la prosperidad financiera y más.

Recuerda que, al diezmar, estás dando a Dios, no a una persona. Aunque es importante que los líderes sean confiables y administren correctamente las finanzas, no debes ser excesivamente crítico con el uso que se hace de los diezmos, ya que desconoces todos los aspectos involucrados. Puedes dar tu diezmo con alegría y paz, sabiendo que Dios ve tu sacrificio. Como dice 2 Corintios 9:7, "Que cada uno dé como propuso en su corazón, no de mala gana ni por obligación, porque Dios ama al dador alegre".

> LO MARAVILLOSO DEL DIEZMO ES QUE TU DINERO TEMPORAL ESTÁ APOYANDO EL REINO DE DIOS, QUE ES ETERNO.

Lo maravilloso del diezmo es que tu dinero temporal está apoyando el reino de Dios, que es eterno. Pablo aconseja a Timoteo sobre el manejo del dinero:

> "A los ricos en este mundo, enséñales que no sean altaneros ni pongan su esperanza en la incertidumbre de las riquezas, sino en Dios, el cual nos da abundantemente todas las cosas para que las disfrutemos. Enséñales que hagan bien, que sean ricos en buenas obras, generosos y prontos a compartir, acumulando para sí el tesoro de un buen fundamento para el futuro, para que puedan echar mano de lo que en verdad es vida" (1 Timoteo 6:17–19).

Cada vez que recibas ingresos, aparta el diezmo para la iglesia a la que asistes. Esta es una manera simple de cultivar hábitos generosos y convertirte en una persona generosa.

2. HACER BUENAS OBRAS.

Una buena obra es simplemente una acción que ayuda a alguien más. Cristo dijo a Sus discípulos, antes de enviarlos a la sociedad para hacer el bien: "De gracia recibieron, den de gracia" (Mateo 10:8). Hay innumerables ejemplos de esto. El único límite es tu imaginación.

Por ejemplo:

- Dar comida, ropa o alojamiento a personas sin hogar.
- Ser voluntario en tu iglesia.
- Donar dinero a organizaciones sin fines de lucro que ayudan a comunidades desfavorecidas.
- Participar en eventos de caridad o campañas de recaudación de fondos.
- Ofrecer tiempo y habilidades en organizaciones comunitarias, hospitales o centros de cuidado de ancianos.

- Ayudar a vecinos mayores con tareas domésticas o jardinería.
- Ser mentor para jóvenes en programas educativos o deportivos.
- Orar y apoyar espiritualmente a amigos y familiares en tiempos difíciles.
- Participar en proyectos de limpieza local.
- Ser un amigo comprensivo y solidario en momentos de necesidad.

La idea aquí es ser intencional y proactivo. Si no inviertes algo de tiempo en planificar e investigar, no sabrás cómo ayudar a otros. Esto puede incluir dinero, por supuesto, pero no se limita a eso. Usa tu imaginación y creatividad.

Lo hermoso de las buenas obras es que son muy personales. Surgen de tu corazón y van directamente a las personas a las que estás apoyando. Puedes usar los dones y talentos que Dios te ha dado para ayudar a otros, haciendo cosas que quizás otros no puedan hacer.

3. TRABAJAR PARA BENEFICIAR A OTROS.

Finalmente, procura que tu negocio y trabajo sirvan a otras personas. Es cierto que debes ganar dinero con tu trabajo, pero también puedes ofrecer un servicio o producto que alivie las cargas de la gente, traiga alegría o satisfaga necesidades. Si estás pensando en abrir un negocio, pregúntate: ¿A quién beneficiará este negocio?

A menudo no pensamos así sobre el trabajo. Lo vemos como una tarea que simplemente debemos cumplir. Te invito a cambiar tu perspectiva y verlo como un canal de doble bendición. Estás proporcionando para tus necesidades y las de tu familia, al mismo tiempo que estás mejorando la vida de otras personas.

Pablo fue un gran ejemplo de esto. Además de predicar, hacía tiendas que no solo servían a sus clientes, sino que también proporcionaban ingresos para él y sus compañeros, extendiendo así el reino de Dios. Pablo lo describió de esta manera: "En todo les mostré que así, trabajando, deben ayudar a los débiles, y recordar las palabras del Señor Jesús, que dijo: 'Más bienaventurado es dar que recibir'" (Hechos 20:35).

Esa última frase de Jesús es hermosa. No es malo recibir; es bueno recibir las bendiciones de Dios. Pero es aún mejor dar.

PREGUNTAS PARA REFLEXIÓN

1. ¿Qué significa para ti la comunidad de la iglesia? ¿Tienes el hábito de diezmar y ofrendar para apoyar a la comunidad?

2. ¿Qué buenas obras has realizado recientemente? ¿Qué más podrías hacer en las próximas semanas?

3. ¿Tu trabajo beneficia a la gente? ¿De qué manera? Si te enfocaras más en este aspecto de tu trabajo, ¿qué impacto tendría?

E. CONCLUSIÓN: LAS BENDICIONES SE MULTIPLICAN CUANDO SE COMPARTEN.

Seguramente conoces la historia cuando Jesús alimentó a miles de personas con solo cinco panes y dos peces que le ofreció un niño allí. Al ver que la gente tenía hambre y no había suficiente comida, Jesús tomó los panes y los peces, los bendijo y los distribuyó entre la multitud. Milagrosamente, todos comieron hasta saciarse, y aún quedaron doce canastas llenas de pan (Juan 6:1–13).

Imagínate ser ese niño. Dio una comida simple, y su acto de generosidad, en manos de Dios, terminó ayudando a miles de personas.

De la misma manera, a nosotros nos toca dar, y a Dios le toca multiplicar. Debes dar y servir con fe, creyendo que tu vida, en manos de Dios, se convierte en un milagro.

La Biblia nos exhorta, "Que cada uno dé como propuso en su corazón, no de mala gana ni por obligación, porque Dios ama al que da con alegría. Y Dios puede hacer que toda gracia abunde para ustedes, a fin de que teniendo siempre todo lo suficiente en todas las cosas, abunden para toda buena obra" (2 Corintios 9:7–8).

Dios tiene el poder de darte más bendiciones de las que necesitas, para que siempre tengas lo suficiente no solo para ti, sino también para ayudar generosamente en toda buena causa y a aquellos que están en necesidad. Así de grande es Dios y así de generoso.

7. MULTIPLICACIÓN Y CRECIMIENTO CONTINUO

A. INTRODUCCIÓN

Como mencioné anteriormente, mi padre solía decir: "Un negociante gana mejor que un trabajador". Si esto es cierto, un *buen* negociante logra algo increíble.

Abrir tu propio negocio o invertir en proyectos que generen ingresos pasivos es una estrategia para escapar de la "carrera de ratas" donde trabajas para vivir, y vives para trabajar, pasando toda tu vida esclavizado al trabajo diario. Quizá nunca has considerado ser emprendedor, o lo has intentado sin éxito, o simplemente crees que no tienes lo necesario para tener éxito. En este capítulo, quiero inspirarte a creer que Dios puede usar tus ideas creativas y tu diligencia para liberarte de la carrera de ratas y alcanzar una mayor libertad financiera.

B. NO SABES SI ESTO O AQUELLO PROSPERARÁ.

¿Puedes visualizarte obteniendo ingresos adicionales? ¿Puedes imaginar dirigir un negocio o encontrar maneras creativas de ganar dinero además de tu salario? En lugar de ver solo obstáculos, quiero animarte a abrir tu mente y tu corazón a nuevas ideas, y a verte como alguien capaz de enfrentar desafíos y hacer realidad sus sueños.

> ABRIR TU MENTE Y TU CORAZÓN A NUEVAS IDEAS, Y VERTE COMO ALGUIEN CAPAZ DE ENFRENTAR DESAFÍOS Y HACER REALIDAD SUS SUEÑOS.

Incluso si tienes un trabajo fijo, estable y bien remunerado, no te limites a eso automáticamente. Recuerda, la vida es incierta, y los trabajos también. Es sabio tener varias fuentes de ingresos por si una deja de producir o tu situación de vida cambia inesperadamente. La Biblia dice:

"Echa tu pan sobre las aguas,
Que después de muchos días lo hallarás.
Reparte tu porción con siete, o aun con ocho,
Porque no sabes qué mal puede venir sobre la tierra…
De mañana siembra tu semilla
Y a la tarde no des reposo a tu mano,
Porque no sabes si esto o aquello prosperará,
O si ambas cosas serán igualmente buenas".
(Eclesiastés 11:1–2, 6)

Esta enseñanza poética nos recuerda que la vida es impredecible. No podemos conocer el futuro, ni garantizar qué funcionará y qué no. Lejos de desanimarnos, esto debería motivarnos a intentar muchas cosas.

En particular me gusta la idea expresada en la última frase: ¿qué tal si ambas cosas que hagas sean "igualmente buenas"? Cuando se trata de emprender e invertir, las posibilidades son infinitas. Por ejemplo:

- Hacer artesanías en casa y venderlas en línea, como muebles o joyería.
- Ofrecer consultoría en un área en la que seas experto.
- Invertir en el negocio de otra persona y

- obtener una parte de las ganancias.
- Crear y vender cursos en línea sobre temas en los que tengas experiencia.
- Alquilar propiedades, como habitaciones en tu casa o apartamentos completos.
- Invertir en bienes raíces.
- Crear un canal de YouTube o un podcast y monetizarlo con publicidad o patrocinios.
- Ofrecer tutorías o clases particulares en línea.
- Iniciar un servicio de catering o de comida a domicilio.
- Brindar servicios de fotografía o videografía para eventos.
- Ofrecer servicios de cuidado de mascotas o paseos de perros.

Esta lista es parcial y general, pero tú te conoces mejor que nadie, y sabrás las oportunidades delante de ti. ¿Qué talento, qué experiencia, qué idea creativa, qué oportunidad, qué pasión traes a la mesa? Ponte a pensar y dedícate a soñar. Tal vez Dios te está invitando a entrar por una puerta que Él mismo te está abriendo.

PREGUNTAS PARA REFLEXIÓN

1. ¿Eres emprendedor, o has emprendido en alguna ocasión? ¿Te puedes imaginar emprendiendo algo nuevo en el futuro? ¿Por qué sí, o por qué no?

2. Escribe una lista de los talentos, ideas o oportunidades que tienes y que podrían convertirse en fuentes de ingreso.

C. HACER LAS COSAS BIEN Y EN ORDEN.

Es muy importante recalcar que Dios es un Dios de orden, y debemos ser sabios al buscar Su voluntad en cualquier decisión o transición. Quiero que queden claras tres cosas:

1. LOS TRABAJOS ASALARIADOS NO SON MALOS, Y ES POSIBLE PROSPERAR COMO TRABAJADOR.

No tengo nada en contra de ser empleado, y algunos trabajos pagan muy bien. Es mejor ser empleado que no tener trabajo, y muchas veces es necesario tomar un trabajo así para vivir y pagar los gastos. No te critico en absoluto; al contrario, te felicito por ser responsable.

Sin embargo, es importante recordar que tus opciones podrían estar limitadas como empleado, ya que tus ingresos dependen de una empresa. A menos que ganes comisiones o tengas una parte de las ganancias de la empresa, tu salario tendrá un límite. Además, podrías ser despedido o la empresa podría cerrar. Un trabajo "seguro" no es tan seguro como a veces pensamos.

2. NO DEBES APRESURARTE PARA VIVIR DE UN NEGOCIO PROPIO.

Si tienes un trabajo estable pero deseas empezar tu propio negocio, no te apresures demasiado. Hazlo con sabiduría y paciencia. Generalmente es mejor avanzar paso a paso hasta que tengas ingresos y oportunidades suficientes para dejar tu trabajo sin perjudicar tus ingresos o la estabilidad de tu familia. Cada semana tiene 168 horas, de las cuales estás despierto unas 112. Si trabajas 40 horas, te quedan más de 70 para otras tareas y actividades durante la semana. Si dedicas 15 horas cada semana a desarrollar tu propio negocio, habrás invertido 780 horas en un año, y seguramente verás resultados significativos. Si tu negocio prospera, es posible que algún día puedas dejar tu trabajo y dedicarte a él a tiempo completo.

> AUNQUE NO DEBES APRESURARTE DEMASIADO, TAMPOCO TE DETENGAS DEMASIADO.

Sin embargo, en mi experiencia, muchas personas caen en el extremo opuesto y avanzan muy lentamente o ni siquiera intentan iniciar algo propio. Ponen peros y se inventan pretextos. Aunque no debes apresurarte demasiado, tampoco te detengas demasiado.

3. LA VOLUNTAD DE DIOS ES PRIMORDIAL.

No hagas algo solo porque te parece una buena idea. Como leímos en Santiago, podemos hacer planes, pero debemos decir: "Si el Señor quiere, viviremos y haremos esto o aquello" (4:15). Esto va más allá de simplemente repetir la frase "Si Dios quiere". Es una mentalidad, una actitud del corazón que depende totalmente de Dios. No emprendas nada sin Su bendición y dirección.

Sin embargo, muchas veces no reconocemos las oportunidades que Dios pone delante de nosotros. Ten fe en Dios, ora y pon atención a las circunstancias y puertas abiertas en tu vida cotidiana. Quizá Dios te esté ofreciendo algo increíble en este momento, y solo necesitas creer y comenzar a trabajar.

> HAZ LAS COSAS CORRECTAMENTE, CONFIANDO EN DIOS, Y VERÁS CÓMO ÉL ABRE PUERTAS QUE NADIE PUEDE CERRAR.

Estas tres cosas son importantes porque emprender un negocio propio implica riesgo, tiempo y trabajo. El objetivo es aumentar tus ingresos, no simplemente tener un negocio. Por eso, cualquier proyecto que inicies debe ser con sabiduría, planeación y buena administración, como vimos en el capítulo anterior. Haz las cosas correctamente, confiando en Dios, y verás cómo Él abre puertas que nadie puede cerrar.

PREGUNTAS PARA REFLEXIÓN

1. ¿Por qué crees que mucha gente no emprende? ¿Alguna de estas razones se aplica a ti?

2. Si tuvieras una idea para un negocio propio, ¿cuánto tiempo a la semana podrías dedicarle? ¿Qué te impide empezar esta semana?

D. LOS INGRESOS ACTIVOS Y PASIVOS

Existen dos categorías generales de ingresos, y es importante entender la diferencia y buscar formas de tener ambas trabajando en tu vida: los ingresos activos y los ingresos pasivos.

Los ingresos activos son aquellos que dependen de tu actividad directa, donde tu presencia y participación son necesarias para generar resultados. Esto incluye trabajos asalariados y negocios propios. Por ejemplo, si fabricas algo y lo vendes, el éxito del negocio depende completamente de tu constante participación. Si tienes una tienda, generalmente necesitas estar presente para supervisar, vender o tomar decisiones.

El lado positivo de los ingresos activos es que te recompensan en proporción directa a tu trabajo. Aunque puede ser agotador a veces, sabes que tu esfuerzo produce resultados tangibles.

> TUS RECURSOS SON FINITOS, POR LO TANTO, ES CRUCIAL ASEGURARTE DE QUE LOS ESTÁS UTILIZANDO EFICAZMENTE.

El lado negativo es que estás limitado por tu propio tiempo, energía y capacidad. Tus recursos son finitos, por lo tanto, es crucial asegurarte de que los estás utilizando eficazmente. Por esta razón, muchos propietarios de negocios eventualmente contratan empleados o subcontratistas para multiplicar su esfuerzo.

Con cualquier ingreso activo, es importante considerar:

1. ¿Mi tiempo y esfuerzo están produciendo los resultados adecuados, o necesito cambiar algo? Tu tiempo es valioso, y es esencial asegurarte de que tu trabajo esté bien compensado. Si encuentras que estás invirtiendo muchas horas con poco retorno, puede ser momento de considerar ajustes.

2. ¿Hay tareas que yo podría delegar a otros? A veces, nos aferramos a actividades por hábito o comodidad, sin darnos cuenta de que podríamos liberar tiempo delegando responsabilidades menos críticas y enfocándonos en actividades más estratégicas e innovadoras.

3. ¿Es posible convertir este ingreso activo en un ingreso pasivo? No siempre es factible, pero algunos negocios pueden organizarse de manera que funcionen de manera más autónoma con el tiempo. Si ya tienes experiencia con un negocio establecido, podrías considerar la

posibilidad de delegar responsabilidades mientras te concentras en nuevos proyectos. El negocio debería generar ingresos pasivos a través de utilidades, permitiéndote diversificar tus fuentes de ingreso.

Ahora, hablemos de los ingresos pasivos. La ventaja de los ingresos pasivos es que generan ingresos que requieren menos tiempo y esfuerzo continuo de tu parte. Esto te permite multiplicar tus ingresos mientras te dedicas a otras actividades.

Ejemplos de ingresos pasivos incluyen alquiler de propiedades, inversión como socio en negocios de otros, negocios que pueden operar con un equipo autónomo, regalías por propiedad intelectual, intereses de cuentas de ahorro y bonos e ingresos por publicidad en línea, entre otros.

Aunque sean ingresos pasivos, no significa que nunca requieran atención o involucramiento. Más bien, significa que generan más ingresos en comparación con el tiempo que requieren, permitiéndote dedicarte a otras áreas mientras siguen generando dinero.

E. CONSEJOS PARA EMPRENDER

Mi primer consejo es que sigas buscando consejo. Nunca dejes de aprender, leer, estudiar y consultar. No es posible que un solo libro te dé toda la sabiduría que necesitas, pero aquí te ofrezco algunos consejos que me han sido útiles.

1. HAZ DE DIOS TU PRIMER SOCIO.

¿Cuántas veces has visto a los padres involucrar a sus hijos en el negocio familiar? Si los humanos hacemos esto porque queremos ver prosperar a nuestros hijos, ¿cuánto más Dios? Incluso cuando entres a tu oficina o negocio, procura que la presencia de Dios se sienta como si estuvieras en una reunión de la iglesia. Él está contigo, te acompaña y te bendice.

> CUANDO LO CONSIDERAS TU SOCIO, RECONOCES QUE DEPENDES DE ÉL, QUE LO NECESITAS Y QUE ÉL APORTA MUCHO AL NEGOCIO.

Dios es el dueño de todo en realidad. Cuando lo consideras tu socio, reconoces que dependes de Él, que lo necesitas y que Él aporta mucho al negocio. Si quieres tener un escritorio frente al tuyo para tu socio Dios, hazlo. Y si te preguntan de quién es el escritorio, explica que Dios es el dueño de toda la empresa. No tienes que aplicarlo de manera tan literal, pero espero que captes la idea. Esto es real: Dios es tu socio, y todo lo que hagas, debes consultarlo con Él y tomarlo en cuenta.

¿Qué significa para ti que Dios sea tu socio?

2. APRENDE DE TUS ERRORES.

Recuerda que cometer errores no te hace un fracaso. Fracasar es dejar de intentar lo que tanto anhelas. Cuando fallas, no es fracaso, sino aprendizaje. Cada vez que fallas, aumentas tu experiencia y conocimiento hasta lograr un avance. "Emprender" y "aprender" siempre van de la mano.

Vas a equivocarte de vez en cuando, y es importante que sepas manejarlo. A veces caemos en autojuicio o condenación, nos desanimamos o nos frustramos. Es normal sentir algo de esto, pero no dejes que te aleje de tu camino. Úsalo más bien como motivación para aprender y mejorar.

Dios está contigo incluso cuando caes. La Biblia dice, "Porque el justo cae siete veces, y vuelve a levantarse, pero los impíos caerán en la desgracia" (Proverbios 24:16). No te quedes en el suelo. Deja que Dios te levante, aprende lo que tengas que aprender, cambia lo que tengas que cambiar y sigue adelante.

¿Cuál es un error que cometiste en la vida del cual aprendiste mucho? ¿Qué te enseñó?

3. PÁGATE A TI PRIMERO.

Esta frase se usa frecuentemente en negocios para describir el hábito de ahorrar un porcentaje de tu dinero. Si no apartas un porcentaje primero, los ingresos se van gastando y no te queda nada.

Aquí lo importante es vivir con menos de lo que ganas, ajustando los gastos para que tu dinero alcance. Al mismo tiempo, ya estás pensando dónde invertirás lo que estás ahorrando para hacerlo crecer.

Proverbios dice, "Tesoro precioso y aceite hay en la casa del sabio, pero el necio todo lo disipa" (21:20). No gastes todo lo que entra. Recuerda, ahorrar es de sabios.

¿Tienes el hábito de ahorror? Si no, ¿cómo podrías comenzar?

4. DISEÑAR SISTEMAS PARA CONTROLAR Y CRECER.

No basta con empezar un negocio; es crucial administrarlo eficazmente. Una parte fundamental de esta labor es establecer sistemas para gestionar ventas, gastos, personal, comunicaciones y más para dirigir el crecimiento de tu empresa. La Biblia nos recuerda en Proverbios 27:23–24:

> "Conoce bien la condición de tus rebaños,
> Y presta atención a tu ganado;
> Porque las riquezas no son eternas,
> Ni perdurará la corona por todas las generaciones".

Es imperativo ser diligente en el control y la gestión de lo que hacemos. De lo contrario, corremos el riesgo de desperdiciar recursos o tomar decisiones incorrectas.

¿Qué tan bueno eres para organizar tus finanzas y negocios? ¿Qué podrías hacer para mejorar esta área?

5. ACTUAR SIEMPRE CON INTEGRIDAD.

En tu búsqueda de estabilidad y libertad financiera, es fundamental actuar siempre con integridad. Puede que existan situaciones donde parezca que ganarías más si mintieras, manipularas o engañaras, pero siempre acabarías perdiendo. La gente se da cuenta de la deshonestidad, y Dios no puede bendecir eso.

Es mejor decidir en tu corazón que actuarás con el temor de Dios, es decir, sabiendo que Él te está observando y te recompensará. Cuando mantienes tu integridad y sigues a Dios, puedes confiar en que cuentas con Su respaldo, lo cual es lo más importante a largo plazo. Nos enseña Proverbios 10:9, "El que anda en integridad anda seguro, pero el que pervierte sus caminos será descubierto."

¿Qué significa para ti actuar con integridad?

6. APROVECHAR OPORTUNIDADES PARA MULTIPLICAR EL DINERO.

La historia de José el soñador en Génesis es un ejemplo inspirador de cómo Dios puede prosperar a alguien incluso en circunstancias difíciles. José fue un buen administrador en todas las etapas de su vida, desde la esclavitud hasta su posición de poder. Dios lo utilizó para bendecir a muchas personas y salvar a su familia de la hambruna.

Debemos desarrollar una mentalidad de multiplicación. Esto implica estar siempre abiertos a las oportunidades no solo para incrementar nuestro dinero, sino para multiplicarlo mediante buenas inversiones y decisiones estratégicas. El dinero no debe verse únicamente como algo para gastar, sino como una herramienta para sembrar y cosechar una abundancia que beneficie a muchos.

Proverbios 13:22 nos recuerda, "El hombre bueno deja herencia a los hijos de sus hijos, pero la riqueza del pecador está reservada para el justo". Este versículo subraya la importancia de pensar más allá de uno mismo y de una generación, adoptando una mentalidad de multiplicación que impacte positivamente a muchas personas durante muchos años.

Las oportunidades están ahí, y alguien las aprovechará. ¿Por qué no podrías ser tú quien las aproveche? Con una fe justa y una confianza en Dios, podrías ser el canal por el cual Dios bendiga a muchos a través de las oportunidades financieras que Él provee.

Anota dos o tres oportunidades de hacer dinero que podrías intentar y aprovechar. ¿Qué te impide tomarlas?

7. ESCOGER SOCIOS QUE COMPARTEN TUS VALORES.

Si vas a tener socios, asegúrate de que sean personas que tienen tus valores. A lo mejor van a pensar diferente de ti en algunas cosas, lo cual es bueno porque te sirve como un punto de vista diferente. Pero es importante que al final de cuentas tengan la misma visión y sistema de valores.

Ha habido momentos en los que me siento seguro de una inversión, la discuto con mi socio y analizamos aspectos que a él no le convencen. Él me dice: "Esta vez no me parece correcto por esto y aquello", y yo reconozco mis errores. Entiendo que cuando algo no está en orden, está bien renunciar al negocio o hacer el cambio necesario. Él ve puntos que yo no percibo; la sociedad es un intercambio de ideas donde, con un propósito común, cubrimos muchas áreas para asegurarnos de que todas las inversiones sean sabias y una bendición.

Es crucial que mi socio también comprenda la Palabra de Dios y busque bendecir y beneficiar a los demás. Así formamos un equipo fuerte, porque el temor a Dios implica ser justos, rectos y honestos, asegurándonos de hacer todo sin sobornos, mentiras, engaños ni robos.

¿Por qué crees que es importante escoger bien a los socios? ¿Qué cualidades buscarías en un socio?

PREGUNTAS PARA REFLEXIÓN

1. De estos siete consejos, ¿cuál es el que más necesitabas escuchar? ¿Por qué?

2. Escribe dos cosas que vas a hacer esta semana para poner estos consejos en práctica.

F. CONCLUSIÓN

No quiero presionarte para que comiences un negocio o inviertas tu dinero de inmediato. Más bien, mi objetivo es inspirarte a soñar, a crecer y a multiplicar lo que ya tienes.

El dinero es una bendición de Dios, y Él espera que lo uses sabiamente, pensando tanto en el presente como en el futuro. Agradece por lo que Dios te ha dado hasta ahora, pero mantén tu mirada hacia el futuro, confiando en que Dios tiene aún más en reserva para ti.

No te conformes con simplemente sobrevivir. No permitas que el trabajo te esclavice, viviendo solo para trabajar, esperando la jubilación y luego la desilusión. En Dios, la vida no es una carrera de esclavitud, sino un regalo precioso lleno de bendiciones, con oportunidades divinas para alcanzar la verdadera libertad.

Si has decidido que Dios sea parte de tu vida y de tus negocios, y actúas con fe y obras, todas estas bendiciones vendrán sobre ti y te alcanzarán. Que Dios te conceda Su gracia, abra las puertas correctas, prepare tu camino, y bendiga tu entrada y tu salida. Que todo lo que hagas prospere y todo lo que toques sea bendecido. Que Dios te guíe para que cumplas Su voluntad, te distinga de los demás y hagas todo con excelencia. Que todo lo que emprendas sea de bendición para los demás y te de paz y gozo. Amén.

AGRADECIMIENTOS

Estoy agradecido con Dios porque me rescató del mal camino que llevaba y me guió por el camino del bien hacia la libertad financiera.

Estoy agradecido con mis padres, quienes con su conocimiento me guiaron a ser el hombre que soy hasta el día de hoy.

Quiero agradecer con todo mi corazón a mi esposa, quien confió en Dios y en mí, apoyándome en la realización de este libro que hice con todo mi corazón para aquellos que creen que lo que está escrito en la Biblia es cierto y puedan comprobar que es de bendición para sus vidas.

www.ingramcontent.com/pod-product-compliance
Lightning Source LLC
LaVergne TN
LVHW020932090426
835512LV00020B/3318